Integrated Korean Workbook

Beginning 2

SECOND EDITION

Mee-Jeong Park　Joowon Suh　Mary Shin Kim　Sang-Suk Oh　Hangtae Cho

KLEAR Textbooks in Korean Language

Printed in the United States of America
18 17 6 5

This textbook series has been developed by the Korean Language Education and Research Center (KLEAR) with the support of the Korea Foundation.

ISBN 978-0-8248-3516-3

Illustrations by Sejin Han

Audio files for this volume may be downloaded on the Web in MP3 format at http://www.kleartextbook.com

A set of accompanying audio CDs for this book is also available for purchase. For more information, contact:

Order Department
University of Hawai'i Press
2840 Kolowalu Street
Honolulu, Hawaii 96822
Toll free: 888-847-7377
Outside North America: 808-956-8255

Camera-ready copy has been provided by KLEAR.

University of Hawai'i Press books are printed on acid-free paper and meet the guidelines for permanence and durability of the Council on Library Resources.

Printed by Data Reproductions, Inc.

CONTENTS

INTRODUCTION

Volumes 1 and 2 of this workbook accompany volumes 1 and 2 of *Integrated Korean, Beginning*, second edition, respectively. On a par with the main text, volume 1 of this workbook is composed of activities on Han'gŭl, the Korean alphabet, covering lessons 1 through 8, while volume 2 consists of activities covering lessons 9 through 17.

The most significant difference in the second edition of the workbook reflects the current trend among Korean language learners in U.S. universities. Traditionally, the primary Korean language learners in U.S. universities were students of Korean heritage. Within recent years, however, the number of nonheritage learners has increased and thus, to meet their needs, revising the workbook content appropriately was an immediate necessity. The editors decided to compose new content for the workbook rather than simply to revise the first edition.

While the earlier edition focused on the four language skills individually, the second edition adopts an integrated approach by encompassing grammar and vocabulary in addition to the four language skills. To maximize learning, fitting for both nonheritage and heritage learners, all areas (vocabulary, expression, grammar, listening, speaking, writing) have been reorganized according to the level of difficulty. Overall, the second edition of the workbook aims to help students learn effectively and in a fun way in a short period of time. Furthermore, starting with simple vocabulary exercises, the new edition of the workbook focuses on integrating grammar and function to develop the types of exercises applicable to modern daily situations. The second edition gives salience to the importance of vocabulary and provides vocabulary exercises through a variety of questions.

Illustrations are used here to replace the mechanically repetitive exercises of the first edition with more cognitively challenging practices. The use of illustrations is believed to be more effective in maximizing the students' concentration and holding their interest.

Whereas the first edition was organized to be used only after each lesson was completed, the second edition consists of pre-, main-, and post-exercises, enabling students to use the workbook simultaneously with the textbook. Daily practice is necessary for language improvement, and this new organization of the workbook will increase the level of efficiency. Exercises are integrated into new lesson points with previously learned grammar and vocabulary. In addition, post-exercises from each lesson include various applications such as task-orientation and information gathering. They are further bolstered by two review lessons—the first includes materials covered in lessons 9 through 12, and the second includes materials covered in lessons 13 through 17.

9과 생일 [Birthday]

CONVERSATION 1 | 예쁜 모자를 선물 받았어요.

A. Choose the word that best describes each picture and write it below the corresponding picture.

건물	돈	돌	모자	번호	잔치	카드	편지

1234...

1. ______________ 2. ______________ 3. ______________ 4. ______________

5. ______________ 6. ______________ 7. ______________ 8. ______________

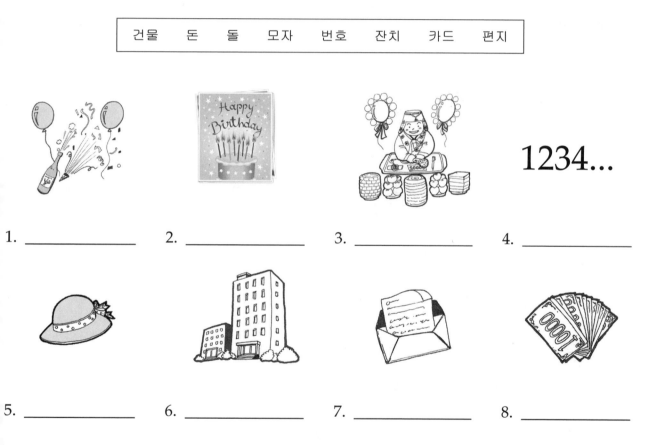

B. Write appropriate corresponding Korean loanwords to the English words given below as in 1.

1. piano: <u>피아노</u> 2. radio: ____________

3. party: ____________ 4. market: ____________

5. card: ____________ 6. e-mail: ____________

C. Fill in the blanks with antonyms as in 1.

1.	맛없다:	<u>맛있다</u>	2.	가깝다:	___________
3.	길다:	___________	4.	춥다:	___________
5.	좋다:	___________	6.	넓다:	___________

D. Connect each of the phrases in the left column with the most appropriate predicate in the right column.

생일을	•	•	해요.
(친구한테) 전화를	•	•	축하해요.
(친구한테서) 선물을	•	•	받아요.
(친구한테) 선물을	•	•	보내요.
(친구한테) 편지를	•	•	줘요.

E. Fill in the blanks with either ~에 or ~에서.

1. 오늘 서울_________ 가요.
2. 마크는 미국_________ 왔어요.
3. 아침에 숙제하러 도서관_________ 가요.
4. 집_________ 파티를 할 거예요.
5. 뉴욕_________ 보스톤까지 차로 4시간 걸려요.
6. 오늘 아침에 라디오_________ 음악을 들었어요.

F. Fill in the blanks with either ~한테/~께 or ~한테서.

1. 저는 민지_________ 한글을 가르쳐요.

2. 친구________ 꽃을 받았어요.

3. 오늘 누나________ 전화가 올 거예요.

4. 누구________ 그 얘기를 할 거예요?

5. 마크________ 그 얘기를 들었어요.

6. 어제 부모님________ 편지를 보냈어요.

7. 수미________ 전화를 했어요.

8. 이 선생님________ 한국어를 배웠어요.

G. Construct full sentences using the given components as in 1.

1. [친구, 꽃, 주다] 어제 친구한테 꽃을 줬어요.
2. [동수, 편지, 쓰다] ________________________.
3. [민지, 카드, 보내다] ________________________.
4. [어머니, 전화, 받다] ________________________.
5. [선생님, 선물, 받다] ________________________.
6. [동생, 모자, 보내다] ________________________.
7. [친구, 전화, 오다] ________________________.

H. Look at the images on the next page and create questions using the verbs given in the box as in 1. Use each verb only once.

받다	주다	선물하다	오다	배우다	보내다

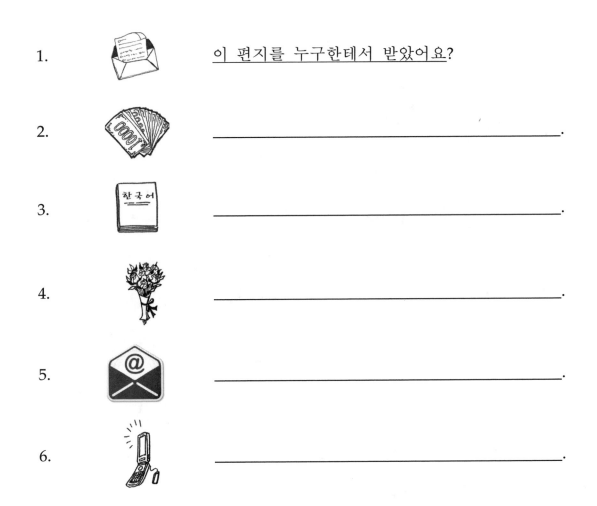

1.  이 편지를 누구한테서 받았어요?

2.  ______________________________.

3. 

______________________________.

4.  ______________________________.

5. 

______________________________.

6.  ______________________________.

I. Write down the noun-modifying form of each adjective as shown in the example.

작다	**작은** 사람
크다	건물
바쁘다	학생
좋다	사람
좁다	방
춥다	날씨
덥다	주말

짧다	방학
재미없다	얘기
멀다	학교
길다	편지
어렵다	숙제
비싸다	옷
맛있다	음식

J. Change the following sentences as in 1.

1. 겨울이 아주 **짧아요.** → <u>아주 **짧은** 겨울</u>
2. 책이 **재미있어요.** → ____________________
3. 영화가 정말 **길어요.** → ____________________
4. 교실이 **넓어요.** → ____________________
5. 모자가 **예뻐요.** → ____________________
6. 경제학이 **어려워요.** → ____________________
7. 마크는 **바빠요.** → ____________________
8. 동네가 깨끗하고 **조용해요.** → ____________________

K. Construct full sentences using the given components.

1. [부모님 / 돈 / 많다 / 받다]

   → <u>부모님한테서 많은 돈을 받았어요</u>.

2. [남자 친구 / 꽃 / 예쁘다 / 보내다]

   → ____.

3. [백화점 / 가깝다 / 어디 / 있다]

   → ____.

4. [내일 / 친구 / 가방 / 작다 / 선물하다]

   → ____.

5. [어제 / 부모님 / 편지 / 길다 / 쓰다]

→ ____.

6. [경제학 / 과목 / 쉽다 / 이다; 생물학 / 과목 / 어렵다 / 이다]

→ ____.

7. [머리('hair') / 짧다 / 좋다; 머리 / 길다 / 예쁘다]

→ ____.

L. Listen carefully to the recording. Repeat aloud after the recording and fill in each blank below with a missing expression.

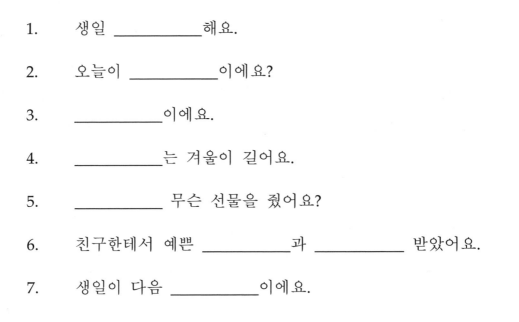

1. 생일 __________해요.

2. 오늘이 __________이에요?

3. __________이에요.

4. __________는 겨울이 길어요.

5. __________ 무슨 선물을 줬어요?

6. 친구한테서 예쁜 __________과 __________ 받았어요.

7. 생일이 다음 __________이에요.

M. Write down the dates that you hear as in 1.

1. 11 월 11 일 2. ______________________

3. ______________________ 4. ______________________

5. ______________________ 6. ______________________

7. ______________________ 8. ______________________

N. Listen to the conversation between Minji and Mark and determine if the following statements are (T)rue or (F)alse.

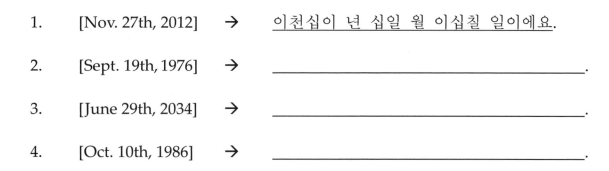

1. _____ 민지는 마크의 생일을 알았습니다.
2. _____ 마크는 생일 파티를 했습니다.
3. _____ 마크의 생일은 11월입니다.
4. _____ 민지는 생일 파티를 준비합니다.
5. _____ 마크는 생일 파티에서 재미있는 영화를 봤습니다.

O. Listen again to the conversation in N and answer the questions in Korean.

1. 민지의 생일은 며칠이에요?
2. 마크의 생일은 며칠이에요?
3. 마크는 생일에 무엇을 했어요?
4. 마크는 무슨 선물을 받았어요?

P. Answer the question "오늘이 며칠이에요?" using the information given below as in 1.

1. [Nov. 27th, 2012] → 이천십이 년 십일 월 이십칠 일이에요.
2. [Sept. 19th, 1976] → ______________________________.
3. [June 29th, 2034] → ______________________________.
4. [Oct. 10th, 1986] → ______________________________.

5. [Dec. 30th, 2031] → ______________________________.

6. [Feb. 20th, 2009] → ______________________________.

Q. Ask your partner the dates of the events given below and write the answers as in 1.

1. New Year's Day (America):

   Q: New Year's Day (설날)이 며칠이에요?

   A: 일월 일일이에요.

2. Independence Day (America):

   Q: ______________________________?

   A: ______________________________.

3. Thanksgiving Day (America):

   Q: 올해는 ______________________________?

   A: ______________________________.

4. Valentine's Day:

   Q: ______________________________?

   A: ______________________________.

5. Partner's birthday:

   Q: ______________________________?

   A: ______________________________.

CONVERSATION 2 | 할머니 연세가 어떻게 되세요?

A. Provide the meaning of each word in English as in 1.

1. 가족: the group of people you live together with in a household
2. 사진:
3. 생신:
4. 장갑:
5. 작년:
6. 딸:
7. 아들:
8. 성함:
9. 올해:
10. 댁:

B. Fill in the blanks with the most appropriate expressions from the box below. Change the form if necessary.

건강하다	드리다	따뜻하다	모두	즐겁다	작년

1. 할아버지와 할머니는 연세가 많으시지만 아주____________세요.
2. 어제 친구하고 ____________ 시간을 보냈어요.
3. ____________한 커피를 마셔요.
4. ____________에 저는 18살이었어요.
5. 할머니 생신에 할머니께 무슨 선물을 ____________?
6. 한국어 반 학생이 ____________ 몇 명이에요?

C. Write the honorific forms for the following nouns.

1.	부모: <u>부모님</u>	2.	나이: _______
3.	말: _______	4.	집: _______
5.	이름: _______	6.	생일: _______

D. Match the following verbs with their honorific counterparts.

먹다	•	•	안녕하시다
있다	•	•	돌아가시다
자다	•	•	계시다
잘 있다	•	•	드리다
죽다	•	•	주무시다
주다	•	•	드시다

E. Connect each of the phrases in the left column with the most appropriate predicate in the right column.

생신이	•	•	드렸어요
저녁	•	•	찍을 거예요
시간을	•	•	언제예요?
돈을	•	•	드세요
사진을	•	•	보냈어요
할머니께서	•	•	주무세요

F. Make the following sentences more polite by changing the underlined words.

1. <u>우리</u> 집은 학교에서 멀어요. →

2. <u>나는</u> 오후에 도서관에 가요. →

3. 동생이 할머니께 선물을 <u>줬어요</u>. →

4. 내일 선생님을 <u>볼</u> 거예요. →

5. <u>말</u> 좀 묻겠습니다. →

G. Fill in the blanks with either ~께, ~께서, ~한테, or ~한테서.

1. 아버지________ 저한테 많은 돈을 주셨어요.
2. 오늘 할아버지________ 전화를 할 거예요.
3. 아침에 친구________ 전화를 했어요.
4. 누구________ 이 선물을 받았어요?
5. 어제 선생님________ 말씀을 드렸어요.
6. 수미________ 그 얘기를 들었어요.

H. Complete the table below.

가다	가세요	가십니다	가셨어요	가셨습니다	가실 거예요
오다					
*있다[1]		계십니다			
*있다[2]				있으셨습니다	
이다		이십니다			
듣다					
받다					
알다	아세요				
춥다					추우실 거예요

(*있다[1]: 'to be'; 있다[2]: 'to have')

I. Change the following sentences as in 1.

1. 민수가 왔습니다. → 아버지께서 오셨습니다.
2. 저는 잘 있어요. → 할머니께서는 ______________________
3. 민수가 점심을 먹었어요. → 선생님께서 점심을 ________________
4. 민수가 방에서 잡니다. → 아버지께서 방에서 ________________
5. 우리 집 개가 죽었습니다. → 우리 할아버지께서 ________________
6. 민수가 한국에서 살아요. → 할머니께서 한국에서 ______________
7. 저는 매일 운동합니다. → 어머니께서 매일 __________________
8. 저는 민지를 알아요. → 제 부모님께서는 민지를______________

J. Change the following sentences as in 1.

1. 그 분 성함이 어떻게 되세요? → 그 친구 **이름이** 어떻게 **돼요**?
2. 선생님 말씀을 잘 들으세요. → 민지 ________ 잘 __________.
3. 할아버지 생신이 언제이십니까? → 동생_______ 언제 __________?
4. 할머니는 연세가 많으십니다. → 형은 ________ ____________.
5. 선생님 댁이 여기서 머세요? → 마크 _______여기서 __________?
6. 할아버지, 아침 드셨습니까? → 마이클 씨, 아침 ____________?
7. 선생님께서 10시에 주무셨어요. → 저는 10시에 ________________.

K. Fill in the blanks with the most appropriate predicates provided below as in 1. Then, complete the sentences by connecting each of the clauses in the left column with the most appropriate clauses in the right column.

바쁘다	비싸다	어렵다	연세가 많다	즐겁다	짧다

이 차는 조금 [비싸지만]	• ─ •	오늘은 시간이 많아요.
한국어는 [ ]	• •	아주 건강하세요.
겨울 방학은 [ ]	• •	준비는 어려웠어요.
마크는 어제 [ ]	• •	아주 좋은 차예요.
할머니는 [ ]	• •	여름 방학은 길어요.
생일 잔치는 [ ]	• •	재미있는 과목이에요.

L. Construct full sentences using the given components as in 1.

1. 동수 / 할아버지 / 선물 / 주다
   동수가 할아버지께 선물을 드렸어요.
2. 민지 / 어머니 / 전화하다
   ______________________________.
3. 할아버지 / 동수 / 음악 / 가르치다
   ______________________________.
4. 할머니 / 집 / 있다
   ______________________________.

5. 할아버지 / 한국 / 살다

____.

6. 선생님 / 저녁 / 먹다

____.

7. 할아버지 / 나이 / 많다

____.

8. 할머니 / 눈('eyes') / 안 좋다

____.

M. Listen to the conversation between Leo and Lisa. Complete the table below.

 레오		 리사
햄버거	eat . . . for lunch	
	live in . . .	
	school year	1학년
	major in . . .	
	have classes on . . .	
	have . . . siblings	

N. Based on the table you filled in in M, complete the sentences about Leo and Lisa as in 1.

1. [점심] 레오는 점심에 햄버거를 **먹지만** 리사는 한국 음식을 먹어요.
2. [사는 곳] ______________________________.
3. [학년] ______________________________.
4. [전공] ______________________________.
5. [수업] ______________________________.
6. [형제] ______________________________.

O. Translate the following expressions into Korean in honorific forms.

1. What is your age? ______________________.
2. Where is your home? ______________________.
3. What is your name? ______________________.
4. Did you have lunch? ______________________.
5. Did you sleep well? ______________________.

P. After listening to the recording, translate each sentence into English.

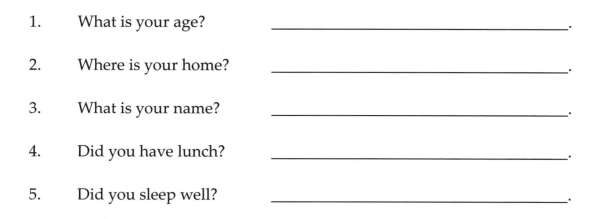

1. ______________________________.
2. ______________________________.
3. ______________________________.

4. ____.

5. ____.

Q. Listen to the following conversation between 제니 and 동수 and answer the questions.

1. 동수는 주말에 왜 바빴어요?

____.

2. 동수 할머니의 연세가 몇이세요?

____.

3. 할머니의 건강은 어떠세요?

____.

4. 동수와 가족들은 할머니 생신날 뭐 했어요?

____.

WRAP-UP ACTIVITIES

A. Read the following passage and answer the questions in Korean.

> 마크 생일이 이번 주 화요일이었지만 마크는 화요일에 생일 파티를 못 했어요. 이번 주에 마크는 아주 바빴어요. 마크는 수요일에 어려운 시험이 두 개나 있었고 목요일에는 한국어 숙제가 많았어요. 그래서 주말에 생일 파티를 했어요. 토요일 저녁에 동수 집에서 파티를 했어요.
>
> 금요일 오후에 동수는 친구들하고 같이 마크 생일파티를 준비했어요. 음식도 만들고 청소도 했어요. 민지는 선물을 사러 친구 수잔하고 백화점에 갔어요. 소피는 생일 카드를 썼어요.
>
> 토요일 저녁에 마크는 친구들한테서 많은 선물을 받았어요. 친구들이 마크한테 생일 축하 인사를 했어요.'생일 축하해요'. 소피가 마크한테 카드를 줬어요. 아주 즐거운 파티였어요.

1. 마크 생일이 언제였어요?

   ______________________________________.

2. 마크 생일 파티를 언제 했어요?

   ______________________________________.

3. 왜 화요일에 마크 생일 파티를 못 했어요?

   ______________________________________.

4. 누가 생일파티를 준비했어요?

   ______________________________________.

5. 누가 선물을 샀어요?

   ______________________________________.

6. 마크는 누구한테서 카드를 받았어요?

____.

B. Listen to the narration and put numbers in the order of events in the left column.

[ ] 저는 할아버지께 모자를 드렸습니다.

[ ] 가족들이 생일축하 노래를 했습니다.

[ ] 가족들이 생일 음식을 준비합니다.

[ ] 어머니가 할아버지께 스웨터를 드렸습니다.

[ ] 할아버지께 생일 축하 인사를 드렸습니다.

C. Based on the order of the events in B, reconstruct the narration.

지난 주 금요일이 할아버지 ______________________________

____

____

____

____

____

____

____

____

D. Translate the following sentences into Korean.

1. Happy birthday to you, Michael!

____!

2. My birthday is June 23rd.

____.

3. I called Susie yesterday, but she was not home.

____.

4. I received a pretty flower and an expensive bag from my friend.

____.

5. I gave a present to my grandfather on his birthday.

____.

6. I spent a joyful time with my family members on my father's birthday.

____.

E. Complete the table below after interviewing your partner. The first row is done for you.

Family member	Place they live	Age	Profession	Other features
삼촌 'uncle'	보스톤	46	선생님	큰 키 'height'

F. Read the following conversation between 민지 and 동수. Then, connect each of the sentences that are true about the grandfather and grandmother with the appropriate image in the right column.

민지: 동수 씨, 보통 주말을 누구하고 보내요?

동수: 가족들하고 같이 보내요.

민지: 가족이 많아요?

동수: 네. 부모님하고 동생 둘이 있고 할아버지, 할머니도 계세요.

민지: 네. 할아버지, 할머니는 건강하세요?

동수: 할머니는 *눈이 좀 안 좋으세요. 그런데 할아버지는 아주 건강하세요. 할아버지는 연세가 아주 많으시지만 매일 아침 운동을 하시고 아침도 많이 드세요.

민지: 아, 그러세요? 그런데 할아버지 연세가 어떻게 되세요?

동수: 일흔 다섯이세요. 참, 지난 주말이 저희 할머니생신이셨어요.

민지: 아, 그랬어요? 할머니께 무슨 선물을 드렸어요?

동수: 따뜻한 스웨터와 장갑을 드렸어요. 할머니께서 아주 좋아하셨어요.

민지: 가족들이 다 오셨어요?

동수: 네, 오래간만에 가족들하고 즐거운 시간을 보내고 사진도 많이 찍었어요.

*눈 ('eyes')

- 연세가 일흔 다섯이십니다. •
- 눈이 나쁘십니다. •
- 운동을 많이 하십니다. •
- 아침을 많이 드십니다. •
- 지난 주에 생신이셨습니다. •
- 스웨터와 장갑을 선물 받았습니다. •

• 

• 

G. Read the conversation again and describe the grandparents based on what you read.

할머니께서는 ____

____

____

____

할아버지께서는 ____

____

____

____

H. Game: Get ready to play a fun game and learn more about Korean birthday customs. Pair up with one of your classmates and take out a coin. Begin playing the game by flipping your coin. If you get heads, move forward two spaces. If you get tails, go forward one space. On each space, answer the given question in Korean. If you cannot complete your answer, your partner will get to flip the coin twice in a row (answers are on the next page).

1. What is a child's 100-day celebration called in Korean?
2. What is the special food Koreans eat on their birthdays?
3. Go back two spaces.
4. What is the first birthday called in Korean?
5. Sing the "Happy Birthday" song in Korean.

   생일 축하합니다 생일 축하합니다.
   사랑하는 [마이클] 생일 축하합니다.
6. What do Korean children wear on their first birthdays?
7. Count from 11 to 20 using native Korean numerals.

8. What is the most common first-year birthday present?

9. Lose a turn!

10. Name 3 things Koreans usually put on their first-birthday-party tables.

11. Go back one space.

12. What does a thread symbolize at a child's first birthday?

13. How do you ask your teacher's birthday in Korean?

14. How do you ask your friend's grandfather's age in Korean?

Answers: 1.백일 2.미역국 4.돌 6.한복 7.열하나, 열둘, 열셋 . . .
8.금반지 10.돈, 실, 연필 12.건강 13. "생신이 언제세요?"
"생일이 어떻게 되세요?" 14. "할아버지 연세가 어떻게 되세요?"

10과 연구실에서 [At a Professor's Office]

CONVERSATION 1	오늘은 시간이 없는데요.

A. Fill in the blanks with the most appropriate words from the box below. Use each word only once.

교수님	노래	문화	밖	연구실	택시	호주

1. 저는 한국 __________를 자주 들어요.
2. 다음 학기부터 한국어와 한국 __________를 배우고 싶어요.
3. 시드니는 __________에 있습니다.
4. 오늘은 버스를 안 타고 __________를 타고 학교에 왔어요.
5. 김 __________은 정치학을 가르치십니다.
6. 박 교수님은 지금 __________에 안 계십니다.
7. 민지는 지금 ________에서 운동해요.

B. Fill in the blanks with the most appropriate words from the box below. Use each word only once, and change the form if necessary.

굉장히	그냥	놀다	동안	뵙다	시작하다	일찍

1. 오늘부터 운동을 __________고 싶어요.
2. 교수님, 내일 ________________ ('I will see you . . .').

3. 시드니에서 한국어를 얼마 ______________ 배웠어요?

4. 오늘 아침__________ 학교에 갔어요.

5. 제 동생은 노래를 __________ 잘 해요.

6. 민지는 주말에 친구 집에서 친구하고 ______________.

7. 토요일에 __________ 집에 있었어요. 친구도 안 만나고 쇼핑도 안 했어요.

C. Name at least five areas of study in answer to the questions A and A′. Provide both Korean and English as shown below.

A: 전공이 뭐예요? B: <u>동양학</u>이에요.

A′: 뭐 전공하세요? B′: <u>동양학</u>을 전공해요.

동양학 (East Asian Studies)			

D. Complete the table below.

	Present	**Past**
먹다	먹는데	
시작하다		시작했는데
듣다		
알다		
있다		
학생이다		

	Present	**Past**
좋다	좋은데	
작다		
바쁘다		바빴는데
멀다		
춥다		
맛있다		

E. Fill in the blanks as you listen to the recording.

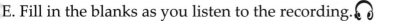

1. 오늘은 ______________ 다음에 만나요.
2. ______________ 오늘 같이 운동해요.
3. 저는 한국 역사를 전공하는데 다음 학기에 한국어를 ______________.
4. 저는 오늘 ______________.
5. 오후에 연구실에서 좀 ______________.

F. Complete the sentences as shown in 1 and translate them into English.

1. 오늘 아침 한국어 수업이 <u>있었는데</u> <u>못 들었어요</u>. [있다; 못, 듣다]

   (I had a Korean class this morning, but I couldn't take it.)

2. 저는 한국 문화를 ____.

   [전공하다; 이번 학기, 한국어, 듣고 싶다]

   (   )

3. 오늘은 날씨가 ______________________________. [춥다; 내일, 만나다]

   (   )

4. 한국어 수업은 ______________________________. [재미있다; 숙제, 많다]

   (   )

5. 시간이 ______________________________. [없다; 택시, 타다]

   (   )

6. 옷이 ______________________________. [예쁘다; 비싸다]

   (   )

7. 어제 샌디한테 ______________________________. [전화하다; 집에, 없다]

( )

8. 마크는 호주 사람 ______________________________.

[이다; 한국어, 굉장히, 잘 하다]

( )

G. Complete the dialogues using ~는데/(으)ㄴ데.

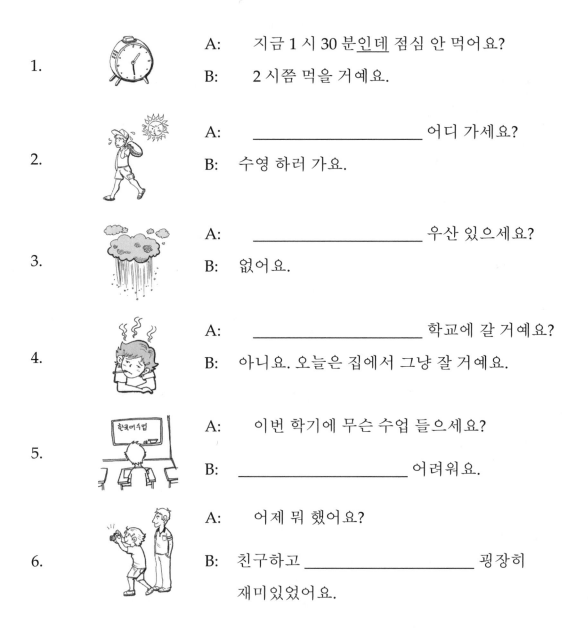

1. 

A: 지금 1 시 30 분인데 점심 안 먹어요?

B: 2 시쯤 먹을 거예요.

2. 

A: ____________________ 어디 가세요?

B: 수영 하러 가요.

3. 

A: ____________________ 우산 있으세요?

B: 없어요.

4. 

A: ____________________ 학교에 갈 거예요?

B: 아니요. 오늘은 집에서 그냥 잘 거예요.

5. 

A: 이번 학기에 무슨 수업 들으세요?

B: ____________________ 어려워요.

6. 

A: 어제 뭐 했어요?

B: 친구하고 ____________________ 굉장히 재미있었어요.

H. Complete the dialogues using ~는/(으)ㄴ데요.

1. 
A: 오늘 날씨가 추워요?
B: 아니요, 오늘 날씨가 아주 좋은데요.

2. 
A: 이 옷 어때요? 너무 작아요?
B: 아니요, ________________.

3. 
A: 할아버지 집에 계세요?
B: ________________.

4. 
A: 주말에는 서울에 차가 많이 없지요?
B: 아니요, ________________.

5. 
A: 마크 씨, 운동하러 가는데 같이 가세요.
B: ________________.

6. 
A: 이번 주말에 시간 있으세요?
B: ________________.

I. Answer the questions as in 1.

1. 
A: 오늘 저녁에 뭐 하고 싶어요?
B: 친구하고 영화를 보고 싶어요.

2. 

A: 이번 주말에 뭐 하고 싶어요?

B: ______________________________.

3. 

A: 시험 보고 뭐 하고 싶어요?

B: ______________________________.

4. 

A: 봄 방학에 뭐 하고 싶어요?

B: 그냥 집에서 ______________________.

5. 

A: 오늘 저녁에 뭐 하고 싶어요?

B: ______________________________.

6. 

A: 무슨 영화를 보고 싶어요?

B: ______________________________.

J. Listen to the conversation between Mark and the professor and answer the questions.

1. 마크가 교수님께 왜 전화했어요?
   - (a) 한국 여행 *때문에
   - (b) 한국 역사 수업 때문에
   - (c) 한국어 시험 때문에
   - (d) 한국어 수업 때문에

   (*~ 때문에: 'because of')

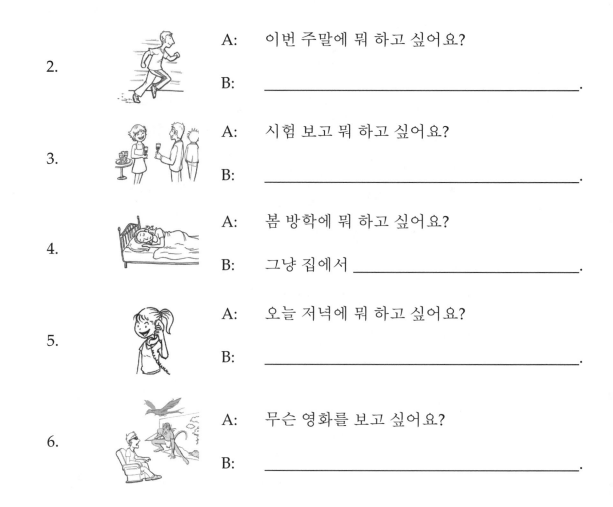

2. 마크는 어디서 한국어를 배웠어요?
   - (a) 호주에서
   - (b) 일본에서
   - (c) 미국에서
   - (d) 한국에서

3. 마크는 언제 교수님을 만나요?

(a) 오늘 아침에 (b) 오늘 오후에

(c) 내일 아침에 (d) 내일 오후에

K. Listen to the conversation in J once again. Circle the correct sentence in each pair.

1. (a) Mark is taking Korean language class now.
   (b) Mark is not taking Korean language class.
2. (a) Mark called the professor in the office.
   (b) Mark visited the professor in the office.
3. (a) Mark studied Korean in Korea.
   (b) Mark studied Korean in America.
4. (a) Mark majors in economics.
   (b) Mark plans to take a Korean history class.
5. (a) Mark will take a Korean placement test.
   (b) Mark has already taken a Korean placement test.

L. Fill in the blanks as you listen to the recording.

민지는 지난 주에 학교에 (1) ________________. 그래서 한국어 시험을 못 봤습니다.

그래서 오늘 민지는 한국어를 가르치시는 김 교수님을 (2)______________ 교수님

연구실에 갔습니다. 아침에 일찍 (3) ______________ 김 교수님은 연구실에 안

계셨습니다. 9 시 30 분에 김교수님이 (4) _____________ 10 시에 시험을 봤습니다.

모르는 단어('word')가 많아서 좀 (5)_______________ 시험은 잘 봤습니다.

김교수님이 (6)_______________ 한국어 수업은 굉장히 재미있을 겁니다.

M. Ask your classmate the following questions. Write down the answers using ~고 싶어해요.

1. 이번 주말에 뭐 하고 싶으세요?

   ______________________________.

2. 오늘 저녁에 뭐 먹고 싶으세요?

   ______________________________.

3. 다음 학기에 무슨 수업을 듣고 싶으세요?

   ______________________________.

4. 잘 하고 싶은 운동이 있어요? 뭐예요?

   ______________________________.

5. 졸업하고('graduate') 무슨 일을 하고 싶으세요?

   ______________________________.

CONVERSATION 2 늦어서 죄송합니다.

A. Choose the word that best describes each picture and write it below the corresponding picture.

가수	교통	날씨 좋은 날	머리	일

1. ______________

2. ______________

3. ______________

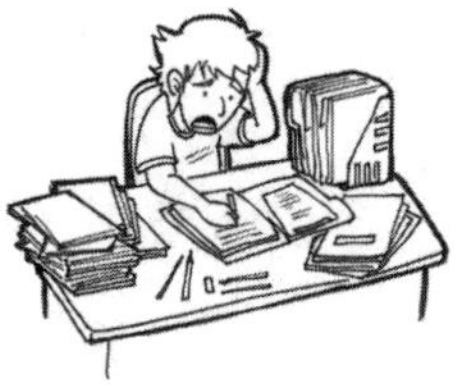

4. ______________

5. ______________

B. Fill in the blanks with the most appropriate expressions from the box below. Use each expression only once, and change the form if necessary.

늦다	들어오다	막히다	복잡하다	불편하다	빠르다	아프다	이사하다

1. 오늘은 교통이 ____________서 길이 많이 ____________요.

2. 택시는 ____________데 비싸요.

3. 지하철은 편한데 버스는 ____________요.

4. 8 시에 일어났어요. 그래서 아침 수업에 ____________요.

5. 오늘 일이 너무 많아요. 그래서 머리가 ____________요.

6. 학교 앞이 너무 복잡해서 옆 동네로 ____________.

7. 지금 교실에 ____________는 분이 김 교수님이세요.

C. Fill in the blanks with the most appropriate adverb from the box below. Use each adverb only once.

그렇지만	다음부터	모두	무척	일찍	직접

1. 요즘 시험이 많아서 _________ 바빠요.

2. 지하철은 불편해요. _________는 버스를 타세요.

3. 여기까지 _________ 오는 버스가 없어서 불편해요.

4. 오늘 시험이 있어서 아침 _________ 학교에 갔어요.

5. 아침에 차가 많이 막혔어요. _________ 학교에 안 늦었어요.

6. 학생들 _________ 아파서 오늘은 수업이 없었어요.

D. Complete the table below.

	~어서/아서	
가다	가서	동생이 학교에 안 <u>가서 선생님한테서 전화가 왔어요</u>.
오다		오늘은 친구가 집에 ____________________________.

좋아하다		한국 음악을 ______________ 자주 들어요.
바쁘다		______________ 자주 못 가요.
듣다	들어서	______________ 이번 학기가 아주 바빠요.
춥다		______________ 밖에 안 나가고 싶어요.
멀다		집에서 학교까지 아주 ______________.
살다		______________ 무척 편합니다.
어렵다		숙제가 ______________ 친구하고 같이 했어요.

E. Combine the two sentences using ~어서/아서 as in 1.

1. 많이 아파요. 그래서 오늘 학교에 못 갔어요.
   많이 아파서 오늘 학교에 못 갔어요.
2. 교통이 아주 복잡해요. 그래서 지하철을 탈 거예요.
   ______________________________.
3. 제가 사는 아파트가 너무 불편해요. 그래서 옆 동네로 이사할 거예요.
   ______________________________.
4. 학교까지 직접 오는 버스가 없어요. 그래서 택시를 탔어요.
   ______________________________.
5. 한국 음식을 먹고 싶었어요. 그래서 친구하고 한국 식당에 갔어요.
   ______________________________.
6. 어제 날씨가 아주 더웠어요. 그래서 집에 그냥 있었어요.
   ______________________________.

F. Construct full sentences using the given components.

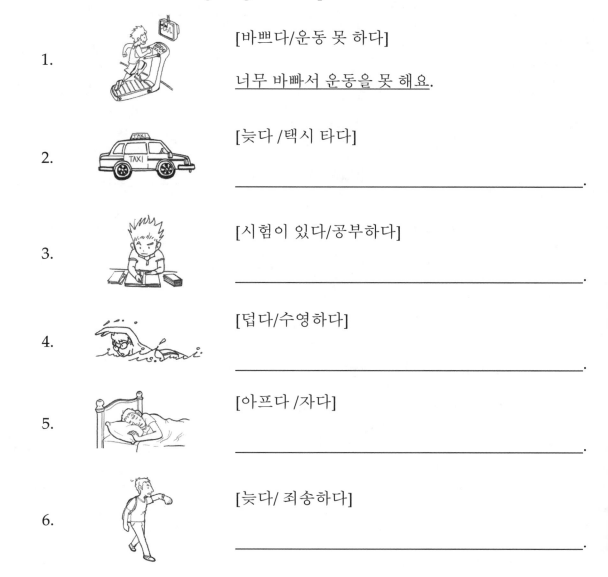

1. 

[바쁘다/운동 못 하다]

너무 바빠서 운동을 못 해요.

2. 

[늦다 /택시 타다]

______________________________.

3. 

[시험이 있다/공부하다]

______________________________.

4. 

[덥다/수영하다]

______________________________.

5. 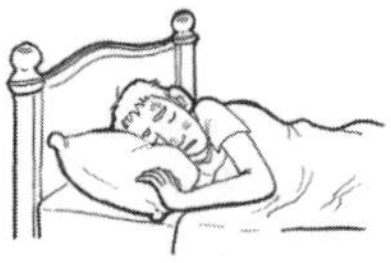

[아프다 /자다]

______________________________.

6. 

[늦다/ 죄송하다]

______________________________.

G. Answer the following questions using ~아서/어서.

1. 왜 한국어를 공부해요?

______________________________.

2. 보통 어디서 공부해요? 왜요?

______________________________.

3. 전공이 뭐예요? 왜 _____을/를 전공해요?

____.

4. 어디로 여행을 가고 싶어요? 왜요?

____.

5. 여름이 좋아요? 겨울이 좋아요? 왜요?

____.

H. Underline the noun-modifying clauses, circle the modified nouns in the sentence, and translate the whole sentence into English.

1. 제가 좋아하는 과목은 한국어예요.

The subject that I like is Korean.

2. 이번 학기에 제가 듣는 수업들이 모두 재미있어요.

____.

3. 제가 타는 지하철은 4 호선이에요.

____.

4. 매일 수업에 늦는 학생이 오늘은 일찍 왔어요.

____.

5. 차가 많이 막히는 날은 택시를 타세요.

____.

6. 기숙사에서 아침에 운동을 일찍 시작하는 사람은 제 룸메이트예요.

____.

I. Fill in the blanks with the most appropriate expressions from the box below. Change the form using the noun-modifying form ~ 는. Use each expression only once.

가르치다	듣다	살다	이사하다	읽다	주무시다	치다

1. 테니스를 잘 치는 사람을 아세요?
2. 이 분은 한국어를 ____________ 선생님이세요.
3. 저기에서 신문을 ____________ 분은 누구세요?
4. 우리 반에는 기숙사에 ____________ 학생들이 많아요. 그런데

   기숙사가 너무 좁아서 아파트로 ____________ 학생들도 있어요.
5. 이 노래는 제가 자주 ____________ 노래예요.
6. 밤 12 시까지 안 ____________ 분은 저희 할아버지세요.

J. Complete the following dialogues as in 1.

1. A: 이것은 무슨 옷이에요?

   B: 학교에서 입는 옷이에요. (학교, 입다, 옷)
2. A: 이 분은 누구세요?

   B: ______________________________. (한국어, 가르치다, 교수님)
3. A: 누가 마이클이에요?

   B: ______________________________. (민지, 얘기하다, 학생)
4. A: 이것은 무슨 건물이에요?

   B: ______________________________. (학생들, 공부하다, 건물)

5. A: 데이트하고 싶은 사람은 어떤 사람이에요? (어떤 'what kind')

   B: ______________________. (노래, 잘 하다, 사람)

6. A: 로스 엔젤레스는 어때요?

   B: ______________________. (한국 사람, 많이 살다, 도시)

K. Complete the following dialogues using the noun-modifying form ~는 as in 1.

1. A: 가수는 뭐 하는 사람이에요?

   B: <u>가수는 노래를 하는 사람이에요.</u>

2. A: 수영장은 뭐 하는 곳이에요? (곳 'place')

   B: ______________________.

3. A: 기숙사는 뭐 하는 곳이에요?

   B: ______________________.

4. A: 토요일은 뭐 하는 날이에요?

   B: ______________________.

5. A: 발렌타인 데이는 무슨 날이에요? (발렌타인 데이 'Valentine's day')

   B: ______________________.

6. A: 연구실은 뭐 하는 곳이에요?

   B: ______________________.

7. A: 선생님은 뭐하는 사람이에요?

   B: ______________________.

L. Fill in the blanks as you listen to the sentences.

1. 여기가 김교수님 ________________________?
2. ________________________ 죄송합니다.
3. 차가 ________________________ 늦었습니다.
4. 서울역까지는 지하철로 오고, ________________________ 택시로 왔습니다.
5. 여기까지 ________________________ 버스가 있어요.
6. 다음부터는 ________________________.
7. 택시가 아주 ________________________.

M. Listen to the conversation between Mark and the professor and choose the correct answers.

1. Why was Mark late?
   (a) The bus came late. (b) He got up late.
   (c) The traffic was jammed. (d) The subway came late.

2. What did Mark take when coming to school?
   (a) bus (b) subway
   (c) subway and taxi (d) bus and taxi

3. According to the professor, what is convenient when coming to school from Seoul Station?
   (a) taxi (b) subway
   (c) bicycle (d) bus

N. Complete the questions with appropriate verbs. Ask your classmates each of the questions.

1. 자주 ____________________ 음식은 뭐예요?
2. 자주 ____________________ 백화점은 어디예요?
3. 자주 ____________________ 친구는 누구예요?
4. 보통 차에서 ____________________ 음악이 뭐예요.
5. ____________________ 영화는 뭐예요?

WRAP-UP ACTIVITIES

A. Listen to the narration about Michael. Determine if the following statements are (T)rue or (F)alse.

	Michael is from New York.
	Michael came to Korea two years ago.
	Michael studied Korean in America.
	Michael is going to study Korean literature this semester.
	Professor Kim taught Michael back in New York.
T	Michael took the Korean test.
	Michael was 30 minutes late for the test.
	Michel is moving to the dorm next week.

B. Translate the following sentences into Korean. Pay particular attention to the underlined parts.

1. The weather is great <u>today; what</u> will you do this afternoon? (~(으)ㄴ 데)

    ____?

2. What <u>would you like to do</u> this weekend?

    ____.

3. <u>The apartment I live in</u> is inconvenient, so I <u>would like to</u> move into the dormitory.

    ____.

4. Because I am too busy, I cannot play with my younger brother today.

____.

5. The apartment in which Michael lives is clean and quiet.

____.

6. The newspaper that I want to read is in the library.

____.

C. Read the following passage and answer the questions using the Korean differential style.

저는 이번 학기에 다섯 과목을 듣습니다. 제가 좋아하는 수업은 한국 역사와 한국어 수업입니다. 저는 하루 수업이 세 과목 있는 날도 있고, 네 과목 있는 날도 있습니다. 수업이 네 과목 있는 날은 아주 바빠서 점심도 못 먹습니다. 월요일과 수요일에는 세 과목을 듣고 화요일, 목요일에는 네 과목을 듣습니다. 그리고 저는 일주일에 여덟 시간 학교 서점에서 일도 합니다. 그렇지만 수업이 없는 시간에는 운동하러 *체육관에 갑니다. 체육관에는 운동하러 오는 학생들이 굉장히 많습니다. 숙제가 많아서 저녁에는 숙제하러 도서관에 갑니다. 그래서 매일 바쁩니다. 그렇지만 주말에는 시간이 좀 있습니다. 주말에는 한국어 반에서 같이 공부하는 친구들하고 영화 보러 갑니다. 제가 좋아하는 영화는 *로맨스 영화입니다. 지난 주말에도 영화를 보고 싶었지만 아파서 못 봤습니다.

*체육관 'gym'; 로맨스 'romance'

1. 마이클 씨는 무슨 수업을 좋아합니까?

____.

2. 마이클 씨가 점심을 못 먹는 날은 무슨 요일입니까?

____.

3. 수업이 없는 시간에는 무엇을 합니까?

____.

4. 주말에는 보통 무엇을 합니까?

____.

5. 지난 주말에는 왜 영화를 못 봤습니까?

____.

D. Construct full sentences using ~(으)ㄴ데/~는데.

1. 지금 사는 아파트:

→ <u>지금 사는 아파트가</u> 학교에서 가까워서 **좋은데** 좀 좁아요.

2. 같이 사는 친구:

→

3. 이번 학기에 듣는 수업:

→

4. 요즘 날씨:

→

5. 자주 가는 도서관:

→

6. 자주 가는 식당:

→

E. Interview your partner with the following questions.

1. 여행하고 싶은 나라가 어느 나라예요? 왜요?

2. 좋아하는 친구가 누구예요? 그 친구가 왜 좋아요?

3. 요즘 재미있는 영화가 뭐예요? 왜 재미있어요?

4. 주말에 자주 놀러 가는 곳('place')이 어디예요?

5. 수업이 없는 날에는 뭐 하세요?

F. Write a note in the following situations.

1. You decided to take a Korean class to fulfill the foreign language requirement and went to a Korean professor for the placement test. However, the professor was not in his office. Leave a note to the professor about yourself and the purpose of your visit.

2. You missed an appointment with your Korean teacher because of heavy traffic. Write an e-mail of apology to the teacher to explain the reason.

G. Answer the following questions in Korean with your own story.

1. 한국어를 얼마나 배웠어요?

2. 이번 학기에 듣는 과목이 뭐예요?

3. 좋아하는 영화가 어떤 영화예요?

4. 어디서 살고 싶으세요? 왜요?

5. 어떤 선생님이 좋은 선생님이에요? (어떤 'what kind')

H. Write a passage about yourself concerning the topics provided in the box below. Try to include the following expressions as often as possible: ~는데/ ~(으)ㄴ데; ~지만; ~어서/아서; ~고 싶다/ 싶어하다; ~는 + Noun/ ~(으)ㄴ + Adjective.

name	school	school year	major	home	family	specialties

11과 기숙사 생활 [Living in a Dormitory]

CONVERSATION 1	차 한 잔 하실래요?

A. Choose the word that best describes each picture and write it below the corresponding picture.

갈비	물	바닷가	잔	차	청바지

1. ______________ 2. ______________ 3. ______________

4. ______________ 5. ______________ 6. ______________

B. Fill in the blanks with the most appropriate expressions from the box below. Use each expression only once, and change the form if necessary.

눈이 오다	되다	만들다	사귀다	쓰다	착하다	친절하다

1. 어젯밤에 ____________서 차가 많이 막혔어요.

2. 저 사람은 제가 ____________는 남자 친구인데, 한국어 수업을 들어요.

3. 스티브는 아주 친절하고 ____________서 사람들이 아주 좋아해요.

4. 저는 한국어를 가르치는 선생님이____________고 싶어요.

5. 저녁에 한국 음식을 ____________ 거예요.

6. 지금 누구하고 같이 방을 ____________고 있어요?

7. 제 룸메이트는 착하고 ____________서 친구들도 좋아해요.

C. Answer the questions about your best friend.

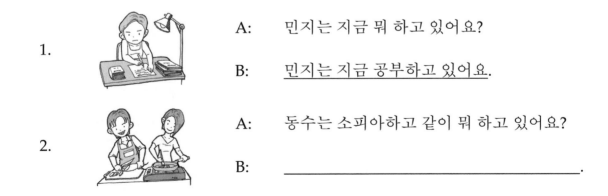

1. 친구가 어떤 음식을 좋아해요?

2. 친구가 어떤 음악을 자주 들어요?

3. 친구가 어떤 영화를 좋아해요?

4. 친구가 어떤 옷을 자주 입어요?

5. 친구가 어떤 사람을 사귀고 싶어해요?

D. Answer the following questions using ~고 있어요 as in 1.

1. 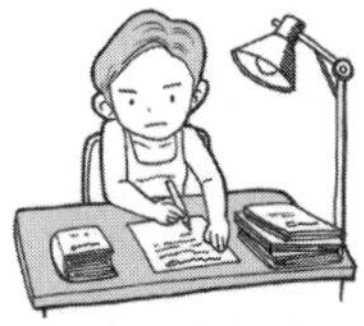

A: 민지는 지금 뭐 하고 있어요?

B: <u>민지는 지금 공부하고 있어요</u>.

2. 

A: 동수는 소피아하고 같이 뭐 하고 있어요?

B: ____.

3. 

A: 소피아는 지금 바닷가에서 뭐 하고 있어요?

B: ____.

4. 

A: 마크는 친구들하고 같이 뭐 하고 있어요?

B: ____.

5. 

A: 스티브는 지금 밖에서 뭐 하고 있어요?

B: ____.

E. Answer the following questions using ~고 계시다 as in 1.

1. A: 아버지는 지금 뭐 하고 계세요? (reading a newspaper)

   B: <u>아버지는 지금 방에서 신문을 읽고 계세요.</u>

2. A: 할아버지는 지금 뭐 하고 계세요? (sleeping)

   B: ____.

3. A: 선생님은 지금 뭐 하고 계세요?
   (meeting with a student in his office)

   B: ____.

4. A: 어머니는 지금 뭐 하고 계세요? (eating)

   B: ____.

5. A: 할머니는 아침에 뭐 하고 계셨어요? (cleaning her room)

   B: ____.

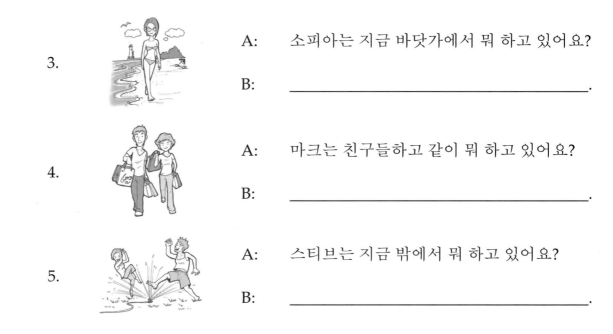

F. Answer the questions using either ~고 있다 or ~고 계시다 as in 1.

1. 

A: 지금 뭐 하세요?

B: 차를 마시고 있어요.

2. 

A: 어머니는 지금 뭐 하세요?

B: ________________________________.

3. 

A: 마크는 지금 뭐 해요?

B: ________________________________.

4. 

A: 선생님은 지금 뭐 하세요?

B: ________________________________.

5. 

A: 어젯밤에 뭐 하고 있었어요?
(What were you doing?)

B: ________________________________.

6. 

A: 동생은 지금 뭐하고 있어요?

B: ________________________________.

G. Construct full sentences using either ~고 있다 or ~고 계시다 as in 1.

1.  마크 지금 운동하고 있는 사람은 마크예요.

2.  할아버지 ______________________________.

3.  마이클 ______________________________.

4.  수지 ______________________________.

5.  할머니 ______________________________.

6.  선생님 ______________________________.

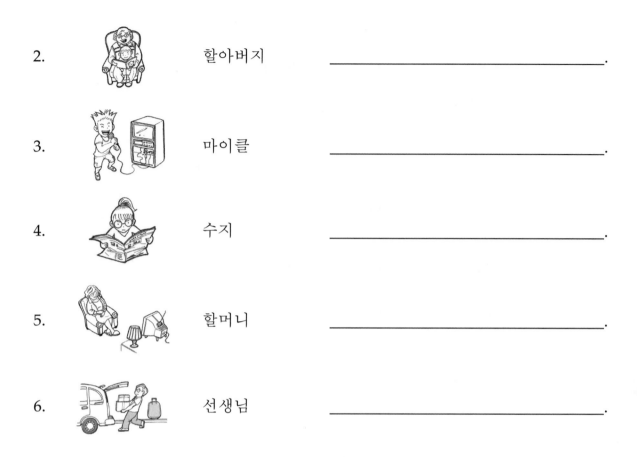

H. Complete the table below.

Dictionary form	~어요/아요	~(으)ㄹ래요
먹다	먹어요	먹을래요
가다		
주다		
쓰다		
걷다	걸어요	
만들다		만들래요
놀다		
드시다		

I. Rewrite the following questions using the ~(으)ㄹ래요 suffix as in 1.

1. 지금 집에 가요? → 지금 집에 갈래요?

2. 오늘 영화 봐요? → ____________________?

3. 여기 의자에 앉아요? → ____________________?

4. 지금 음악을 들어요? → ____________________?

5. 내일 청바지를 입어요? → ____________________?

6. 커피 한 잔 마셔요? → ____________________?

7. 지금 밖에서 놀아요? → ____________________?

J. Complete the dialogues using ~(으)ㄹ래요 as in 1.

1. A: 오늘 저녁에 같이 운동할래요?

   B: 네, 같이 운동해요.

2. A: 한국어 수업 같이 ________________?

   B: 좋아요. 같이 들어요.

3. A: 내일 바닷가에________________?

   B: 그래요. 같이 가요.

4. A: 다음 학기부터 저하고 같이 방을 ________________?

   B: 네, 같이 방을 써요.

5. A: 뭘 ________________?

   B: 저는 갈비를 먹을래요.

6. A: 오늘 저하고 같이 저녁 ________________?

   B: 네, 같이 만들어요.

K. Fill in the blanks as you listen to the recording.

1. 지금 뭐 ______________?
2. 지금 음식 ______________.
3. 제가 지금 커피를 마시고 있는데 우진 씨도 ______________?
4. ______________ 지금은 괜찮아요.
5. 그동안 한국 친구를 많이 ______________
6. 내 친구가 ______________ 아주 친절해요.

L. Listen to the conversation between Woojin and Minji. Answer the following questions in Korean.

1. 민지 씨가 지금 뭐 해요?

   ____.

2. 우진 씨의 한국 생활이 왜 재미있어요?

   ____.

3. 우진 씨의 기숙사 생활은 어때요?

   ____.

4. 우진 씨는 어떤 사람하고 방을 같이 써요?

   ____.

M. Listen to the dialogue in L one more time and circle the true sentence in each pair.

1. (a) 우진은 지금 커피를 마셔요.
   (b) 우진은 집에서 커피를 마셨어요.

2. (a) 민지는 주말에 책을 살 거예요.
   (b) 민지는 지금 커피를 마시고 있어요.

3. (a) 우진은 한국 생활이 처음부터 재미있었어요.
   (b) 우진은 한국 생활이 처음에는 불편했어요.

4. (a) 우진은 한국 친구가 없어요.
   (b) 우진은 한국 친구가 많아요.

5. (a) 우진의 룸메이트는 한국을 안 좋아해요.
   (b) 우진의 룸메이트는 한국어를 잘 해요.

N. Fill in the blanks as you listen to the recording.

저는 (a) ____________ 스티브 스미스예요. 지금은 한국 대학교에서 한국 역사를 (b) ____________. 이번 학기에 네 과목을 (c) ____________. 이번 학기부터 김 교수님이 (d) ____________ 한국어 수업도 들어요. 한국어 수업이 어렵지만 아주 재미있어요. 지금 기숙사에서 살아요. 기숙사에서 친구들을 많이 (e) ____________. 방을 (f) ____________ 룸메이트는 캐나다에서 온 학생이에요. 이름이 마크 앤더슨이고 한국 대학교에서 한국 문학을 전공해요. 아주 친절하고 (g) ____________이에요. 기숙사 생활이 아주 재미있어요.

O. Interview your classmates with the following questions and write down the answers as in 1.

1. A: 어젯밤 9 시에 어디서 뭐 하고 있었어요?

   B: 기숙사 룸메이트하고 방에서 얘기하고 있었어요.

2. A: 어제 아침 8 시 쯤에 어디서 뭐 하고 있었어요?

   B: ______________________________.

3. A: 오늘 오후 2 시에 어디서 뭐 하고 있었어요?

   B: ______________________________.

4. A: 지난 주 토요일 아침부터 점심까지 뭐 하고 있었어요?

   B: ______________________________.

5. A: 지난 일요일 저녁에 어디서 뭐 하고 있었어요?

   B: ______________________________.

P. Translate the following sentences into Korean.

1. Who is the person who is talking to Minsoo now?

   지금 민수 씨하고 얘기하고 있는 사람은 누구예요?

2. Who is the student who is writing a letter now?

   ______________________________?

3. Who is the person who is drinking water now?

   ______________________________?

4. Who is the student who is wearing the blue jeans?

   ______________________________?

5. Who is the student who is playing with Mark now?

____?

6. Who is the person who is living with Michael in the dormitory?

____?

Q. Practice the dialogue pattern in the box below with your partner.

A:	이번 주말에 영화 보러 갈래요?
B:	이번 주말에는 시간이 없는데요.
A:	그럼 다음 주말에는 어때요?
B:	좋아요. 다음 주말에 영화 보러 같이 가요.

(a) Use ~러 (~에) (으)ㄹ래요 for invitation. Replace 이번 주말 with other time expressions (e.g., tomorrow, this Friday evening).

(b) Express your reservation about the invitation using the ~는/ㄴ 데요 ending.

(c) Use 어때요? for the second invitation.

(d) In response to the repeated request, accept the invitation this time by saying 좋아요.

1. to go to a department store to shop

2. to go to a Korean restaurant to eat Korean food

3. to go to a dance

4. to go to a library to do homework together

CONVERSATION 2 | 연극 보러 갈까요?

A. Choose the word that best describes each picture and write it below the corresponding picture.

골프	기차	연극	인터넷	입구

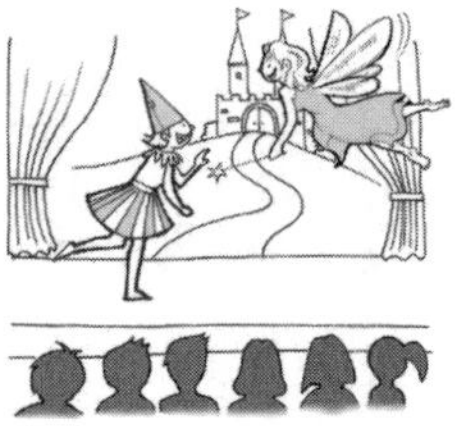

1. ______________ 2. ______________ 3. ______________

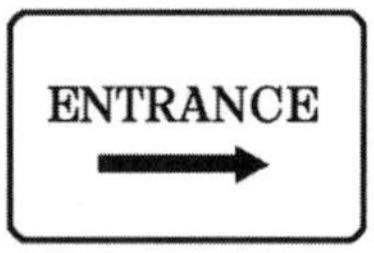

4. ______________ 5. ______________

B. Fill in the blanks with the most appropriate expressions from the box below. Use each expression only once, and change the form if necessary.

끝나다	보내다	쉬다	알아보다	찾다	춤추다	(힘이) 들다

1. 오늘 수업 ____________고 영화 보러 갈래요?

2. 저는 오늘 너무 피곤해서 오후에 좀 ____________고 싶어요.

3. 도서관에서 책을 ____________고 있어요.

4. 요즘 숙제가 너무 많아서 아주___________요.

5. 주말을 보통 어떻게 ___________요?

6. 영화 시간은 인터넷으로 ___________세요.

7. 오늘 저녁에 ___________러 클럽('club')에 안 갈래요?

C. Fill in the blanks with the most appropriate expressions from the box below. Use each expression only once.

글쎄요	다	밖에	벌써	~(이)나

1. 어젯밤에 10 시간___________ 잤어요.

2. A: 오늘 눈이 올까요?

   B: ___________. TV 를 못 봤어요.

3. 저는 이번 학기에 두 과목___________ 안 들어요.

4. 지금 저녁 8 시인데 ___________ 잘 거예요?

5. 벌써 한 학기가 ___________ 끝났어요.

D. Answer the following questions using ~ 부터 ~까지 as in 1.

1. A: 오늘 우체국 열어요 ('open')? [9 am ~ 5 pm]

   B: <u>네, 오전 아홉 시부터 오후 다섯 시까지 열어요</u>.

2. A: 오늘 도서관 시간이 어떻게 돼요? [8:30 am ~ 9:30 pm]

   B: ______________________________________.

3. A: 백화점은 언제까지 열어요? [10 am ~ 9 pm]

   B: ______________________________.

4. A: 주말에 지하철은 몇 시부터 몇 시까지 있어요? [5 am ~ 11 pm]

   B: ______________________________.

5. A: 한국어 수업은 몇 시부터 몇시까지 해요? [12:30 pm ~ 1:45 pm]

   B: ______________________________.

E. Answer the questions using ~(이)나 or ~밖에 as in 1.

1. A: 이번 학기에 몇 과목 들어요? [5 과목]

   B: <u>다섯 과목이나 들어요</u>.

2. A: 하루에 커피를 몇 잔 마셔요? [5 잔]

   B: ______________________________.

3. A: 하루에 몇 시간 공부하세요? [1 시간]

   B: ______________________________.

4. A: 어제 저녁 먹고 몇 시간 쉬었어요? [5 시간]

   B: ______________________________.

5. A: 한국어 반에 남학생이 몇 명 있어요? [2 명]

   B: ______________________________.

6. A: 학교에서 집까지 걸어서 얼마나 걸려요? [40 분]

   B: ______________________________.

7. A: 어제 파티에 몇 사람 왔어요? [3 명]

   B: ______________________________.

. Create questions and answers based on the pictures and cues provided as in 1.

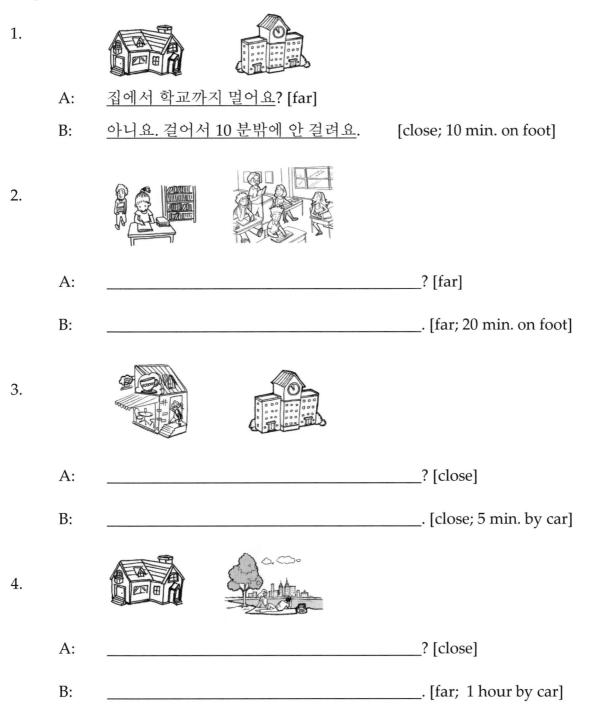

1.  

A: 집에서 학교까지 멀어요? [far]

B: 아니요. 걸어서 10 분밖에 안 걸려요. [close; 10 min. on foot]

2.  

A: ____________________________? [far]

B: ____________________________. [far; 20 min. on foot]

3.  

A: ____________________________? [close]

B: ____________________________. [close; 5 min. by car]

4.  

A: ____________________________? [close]

B: ____________________________. [far; 1 hour by car]

5. 

A: ______________________________? [far]

B: ______________________________. [close; 10 min. by car]

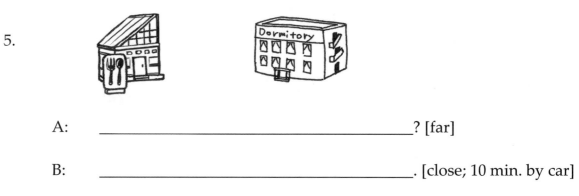

G. Complete the table below.

Dictionary form	~어요/ 아요	~(으)ㄹ까요
먹다		먹을까요
앉다		
좋다	좋아요	
만나다		만날까요
말하다		
크다	커요	
듣다	들어요	
살다		살까요
멀다		
가깝다		
춥다		

H. Change the following sentences as in 1.

1. 내일 눈이 와요. → <u>내일 눈이 올까요</u>?

2. 운동이 힘들다. → ______________________________?

3. 시험이 어려워요. → ______________________________?

4. 한국 음식 만들다. → ______________________________?

5. 밖에서 놀다. → ______________________________?

6. 음악 듣다. → ______________________________?

7. 한국어가 쉬워요. → ______________________________?

8. 주말에는 좀 쉬어요. → ______________________________?

I. Complete the dialogue with the cues provided as in 1.

1. A: <u>내일 눈이 올까요</u>? [내일, 눈, 오다]

   B: 네, 눈이 많이 올 거예요.

2. A: ______________________________? [무슨 선물, 좋다]

   B: 책이 어때요?

3. A: ______________________________? [교통, 복잡하다]

   B: 아니요, 괜찮을 거예요.

4. A: ______________________________? [기숙사 생활, 힘들다]

   B: 아니요, 친구들이 많아서 재미있을 거예요.

5. A: ______________________________? [수업, 끝나다]

   B: 아니요, 아직 수업하고 있을 거예요.

6. A: ______________________________? [시험, 어렵다]

   B: 아마 쉬웠을 거예요.

J. Listen to the dialogue between Woojin and Minji and answer the questions.

1. 민지는 왜 바빴어요?
   - (a) 매일 숙제가 많았어요.
   - (b) 여섯 과목을 들었어요.
   - (c) 매일 수업이 있었어요.
   - (d) 수업도 하고 일도 했어요.

2. 우진은 이번 학기에 몇 과목 들었어요?
   - (a) 두 과목
   - (b) 세 과목
   - (c) 네 과목
   - (d) 다섯 과목

3. 우진은 이번 학기가 어땠어요?
   - (a) 아주 재미있었어요.
   - (b) 숙제가 안 많았어요.
   - (c) 안 바빴어요.
   - (d) 좀 바빴어요.

4. 우진은 다음 주말에 뭐 할 거예요?
   - (a) 쉴 거예요.
   - (b) 일 할 거예요.
   - (c) 숙제 할 거예요.
   - (d) 영화 볼 거예요.

K. Listen carefully to the recording. Repeat aloud after the recording and fill in each blank below with a missing expression.

1. 이번 학기 어떻게 ____________________?
2. ____________________ 매일 수업이 있었어요.
3. ____________________ 들어서 아주 바빴어요.
4. 저는 ____________________ 안 들었지만 좀 바빴어요.
5. 다음 주말에 영화 ____________________?
6. 인터넷으로 같이 ____________________?

L. Complete the dialogue as you listen to the following conversation between Minji and Mark.

민지: 마크 씨는 이번 학기에 몇 과목 들어요?

마크: 좀 많이 들어요. __________ 과목 __________ 들어요.

민지: 수업이 매일 있어요?

마크: 네, 매일 ____________________ 있어요.

숙제도 많고 시험도 __________ 너무 바빠요.

민지 씨는 이번 학기에 몇 과목 들으세요?

민지: 저는 __________ 과목 __________ 안 들어요.

마크: 그래요? 참, 우리 시험 끝나고 영화 보러 갈까요?

민지: 시험 끝나고 ____________________.

M. Translate the following sentences into Korean.

1. Shall we find out the movie time on the Internet?

____?

2. Shall we begin exercising next Monday?

____?

3. Shall we watch a play together after this semester ends?

____?

4. Shall I go to Professor Kim's office by 3:30 pm?

____?

5. Do you think my grandmother would prefer pretty flowers or a tasty cake (케이크)?

____?

6. Do you think Steve met Professor Kim at 3:30 pm?

____?

N. Assume that your parents are visiting you on campus for the first time. List the places to go or things to do with your parents on each different day of their visit as in 1.

Day 1: 학교 식당에서 맛있는 음식을 먹어요.

Day 2: ____

Day 3: ____

Day 4: ____

Day 5: ____

O. After completing the list in N, write up questions using ~을까요 as in 1.

Day 1: 학교 식당 → 학교 식당에 갈까요?

Day 2: ____?

Day 3: ____?

Day 4: ____?

Day 5: ____?

?. Describe your daily schedule in Korean as in 1.

1. <u>월요일부터 금요일까지 아침 9 시에 지하철을 타고 학교에 가요</u>.

2. ____.

3. ____.

4. ____.

5. ____.

6. ____.

7. ____.

WRAP-UP ACTIVITIES

A. Listen to the narration about Steve. Determine if the following statements are (T)rue or (F)alse.

	스티브는 올해 한국에 왔어요.
	스티브는 미국에서 왔어요.
	스티브는 지금 기숙사 2 층에 살아요.
	스티브는 이번 학기부터 마크하고 살고 있어요.
	스티브는 심리학을 전공해요
T	마크는 착한 학생이에요.
	마크 씨는 음악을 자주 못 들어요.
	우진 씨는 수영을 잘 해요.
	우진 씨는 미국에서 왔어요.

B. After reading the passage, determine if the following statements are (T)rue or (F)alse.

제 이름은 마크입니다. 대학교 삼학년이고 나이는 스물 두 살입니다. 저는 학교에서 가까운 아파트에서 룸메이트 세 명하고 같이 살고 있습니다. 제가 살고 있는 아파트에서 학교까지 걸어서 십 분밖에 안 걸립니다. 아파트가 깨끗하고 학교에서 가까워서 아주 편합니다. 아침 아홉 시에 한국어 수업이 있어서 저는 매일 8 시 30 분에 집에서 나옵니다 ('come out'). 이번 학기에 저는 수업을 다섯 과목이나 듣습니다. 한국어 수업이 끝나고 10 시부터 10 시 50 분까지 한국 역사 수업을 듣습니다. 그리고 11 시부터 학교 도서관에서 두 시간 동안 일을 합니다. 2 시부터 3 시 15 분까지는 생물학 수업이 있고 3 시 반부터는 경제학 수업이 있습니다. 5 시에 수업이 다 끝나고 숙제하러 도서관에 갑니다. 저는 보통 저녁 6 시 30 분에 집에 옵니다. 제 룸메이트들이 운동을 좋아해서 저녁에는 룸메이트들하고 자주 운동하러 학교에 있는 체육관('gym')에 갑니다.

1. [T F] Mark has two roommates.
2. [T F] Mark lives in a new apartment.
3. [T F] Mark sometimes comes to school in the morning.
4. [T F] Mark works at the library.
5. [T F] After Korean class, Mark has Korean history class.
6. [T F] Mark often goes to a gym with his roommates in the evening.

C. Translate the following sentences into Korean. Pay particular attention to the underlined parts.

1. I am looking for the entrance to the subway.

 ____.

2. Would you like to drink a glass of water?

 ____?

3. The person who is dancing with Jean is my friend Jack.

 ____?

4. I am taking as many as five courses this semester.

 ____.

5. I took only three courses last semester.

 ____.

6. Do you think it will snow from morning to evening tomorrow?

 ____?

D. Write down your answers to the questions below. Then, ask your classmates the same questions.

1. 기숙사 생활이 어때요?
2. 이번 학기에 몇 과목 듣고 있어요?
3. 어느 과목이 어려워요?
4. 보통 매주 토요일 오전에 뭐하세요?
5. 룸메이트가 있어요? 룸메이트가 어떤 사람이에요?

E. Practice a role-play following the directions in the box below.

Person A: Invite your classmate to an event. Person B: Politely turn down the invitation using ~는데(요)

1. 

2. 

3. 

4. 

5. 

6. 

. Practice a role-play following the directions in the box below.

You are at a party. However, you don't recognize most of the people at your table. Person A: Ask your partner who she/he is. Describe the person using ~는. Person B: Answer the question using ~는.

1.

민지

A: 요리를 하고 있는 사람이 누구예요?

B: 요리를 하고 있는 사람은 민지예요.

2.

톰

3.

마크

4.

유미

5.

제인

6.

우진

7.

마이클

8.

스티브

9.

리사

12과 가족 [Family]

CONVERSATION 1 어디서 오셨어요?

A. Choose the word that best describes each picture and write it below the corresponding picture.

결혼하다	기다리다	다르다	자라다	태어나다	피곤하다

1. ______________

2. ______________

3. ______________

4. ______________

5. ______________

6. ______________

B. Fill in the blanks with the most appropriate nouns from the box below. Use each noun only once.

동부	데	바지	밤	부엌	형제

1. 스티브는 __________가 많아요. 형 세 명하고 여동생 두 명이 있어요.

2. 어젯__________ 에 친구하고 영화 보러 갔어요.

3. 백화점에서 셔츠하고 __________ 를 샀어요.

4. 아버지께서 __________에서 불고기를 만들고 계세요.

5. 제 룸메이트는 미국 __________에서 왔어요.

6. 제 형제들은 다 다른 __________에 살아요.

C. Fill in the blanks as you listen to the sentences.

1. 민지는 미국에서 태어나서 __________________.

2. 오빠는 __________________ 결혼 안 했어요.

3. 저는 __________________ 이고 남동생 한 명하고 여동생 한 명이 있어요.

4. 둘째는 캐나다에 살고 __________________ 는 미국 동부에 살아요.

5. 형제들이 사는 데가 다 __________________.

D. Combine causes and effects using ~아서/어서 'because' as in 1.

1. 어제 머리가 **아팠어요. 그래서** 학교에 못 갔어요.
   어제 머리가 **아파서** 학교에 못 갔어요.

2. 피곤해요. 그래서 쉬고 싶어요.

   ____.

3. 아침을 너무 많이 먹었어요. 그래서 배가 아파요.

   ____.

4. 내일부터 방학이에요. 그래서 수업이 없어요.

   ____.

5. 약속이 있어요. 그래서 내일 도서관에 못 갈 거예요.

______________________________________.

6. 시간이 없었어요. 그래서 점심을 못 먹었어요.

______________________________________.

E. Combine two sequential events using ~어서/아서 'and then' as in 1.

1. 친구를 **만나요.** (then) 영화 보러 가요.

   <u>친구를 **만나서** 영화 보러 가요.</u>

2. 보스톤에서 태어났어요. 보스톤에서 자랐어요.

______________________________________.

3. 아침에 일어났어요. 커피를 마셨어요.

______________________________________.

4. 오빠는 결혼했어요. 미국에서 살고 있어요.

______________________________________.

5. 백화점에 가요. 옷을 사요.

______________________________________.

6. 여름에 한국에 갈 거예요. 한국어를 공부할 거예요.

______________________________________.

F. Fill in the blanks with the verbs in parentheses using the sequential ~어서/아서. Then, write some verbs that could be used in sequence with each of the verbs in the blanks as in 1.

1. 방에 (들어가다) <u>들어가서</u> [앉다, 자다, 쉬다, 공부하다]

2. 친구를 (만나다) ______________ [ ]

3. 아침에 (일어나다) ______________ [ ]

4. 집에 (전화하다) ______________ [ ]

5. 마켓에 (가다) ______________ [ ]

6. 한국어를 (배우다) ______________ [ ]

G. Fill in the blanks with the verbs in parentheses using the sequential ~어서/아서. Then, complete the sentences by connecting each of the clauses in the left column with the most appropriate clause in the right column.

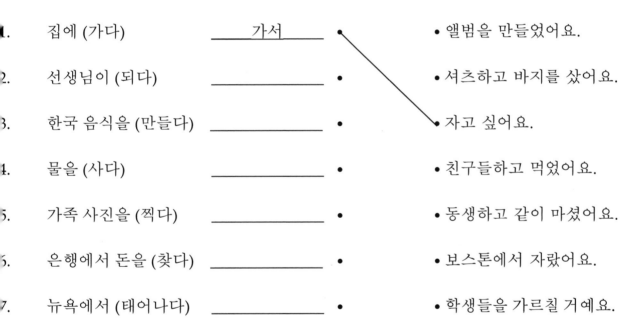

1.	집에 (가다)	가서 •	• 앨범을 만들었어요.
2.	선생님이 (되다)	______________ •	• 셔츠하고 바지를 샀어요.
3.	한국 음식을 (만들다)	______________ •	• 자고 싶어요.
4.	물을 (사다)	______________ •	• 친구들하고 먹었어요.
5.	가족 사진을 (찍다)	______________ •	• 동생하고 같이 마셨어요.
6.	은행에서 돈을 (찾다)	______________ •	• 보스톤에서 자랐어요.
7.	뉴욕에서 (태어나다)	______________ •	• 학생들을 가르칠 거예요.

H. Translate the sentences in G into English.

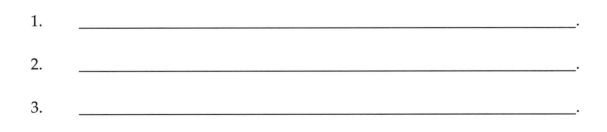

1. ____.

2. ____.

3. ____.

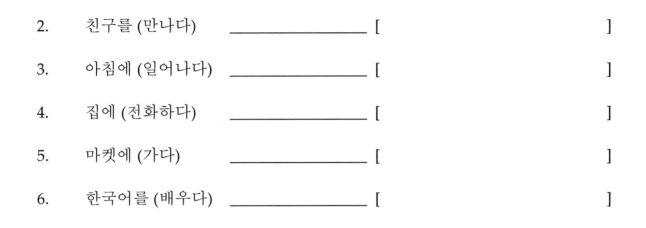

4. ____.

5. ____.

6. ____.

7. ____.

I. Translate the following sentences into Korean.

1. Please have a seat and rest.

____.

2. My friend went to Korea, and (then) he majored in Korean culture there.

____.

3. I bought a birthday present and (then) sent it to the East Coast, where my younger brother lives.

____.

4. Shall we go to the classroom and wait?

____.

5. I am tired because I slept for only three hours last night.

____.

6. Because all of my siblings live at different places, we are not able to meet often.

____.

J. Complete the dialogues using ~겠어요 as in 1.

1. A: 어제 잠을 못 잤어요.

B: <u>피곤하겠어요</u>.

2. A: 어제 밤에 5 시간 동안 텔레비전을 봤어요.

   B: ______________________________________.

3. A: 오늘 백화점 세일('sale')이 있어요.

   B: ______________________________________.

4. A: 시험을 아주 잘 봤어요.

   B: ______________________________________.

5. A: 점심을 아직 못 먹었어요.

   B: ______________________________________.

6. A: 내일 친구하고 뉴욕으로 여행을 가요.

   B: ______________________________________.

K. Complete the sentence using ~겠어요 as in 1. Use the past-tense suffix 었/았 if necessary.

막히다	먹다	보고 싶다	쉬고 싶다	좋다	~~힘들다~~

1. 민지씨는 어제 시험을 세 개나 봐서 힘들었겠어요.

2. 내일 한국에서 동생이 와서 ____________________.

3. 벌써 12 시예요. 일을 많이 해서 ____________________.

4. 어젯밤에 눈이 많이 와서 오늘 아침에 차가 ____________________.

5. 형제들이 다 다른 데에 살아서 ____________________.

6. A: 어제 한국 친구 집에서 파티를 했어요.

   B: 맛있는 한국 음식을 많이 ____________________.

L. Fill in the blanks as you listen to the recording.

1. 어제 ____________에 ____________공부했어요.
2. 오늘 일찍 ____________피곤하겠어요.
3. 내일 여자 친구가 ____________좋겠어요.
4. 저는 미국에서 ____________자랐어요.
5. 백화점 세일('sale')이 ____________ 복잡하겠어요.

M. Translate the sentences in K into English.

1. ____.
2. ____.
3. ____.
4. ____.
5. ____.

N. Listen to the conversation between Mark and Minji and answer the questions.

1. 민지씨는 어디서 왔어요?

   ____.

2. 민지 부모님은 어디에 사세요?

   ____.

3. 민지는 형제가 몇 명 있어요?

   ____.

4. 마크 누나는 어디에서 살아요?

   ______________________________.

5. 마크씨 여동생은 언제 서울에 와요?

   ______________________________.

D. Listen to the questions and provide your own responses to them.

1. ______________________________.
2. ______________________________.
3. ______________________________.
4. ______________________________.
5. ______________________________.

CONVERSATION 2 | 가족 사진이 잘 나왔네요.

A. Choose the word that best describes each picture and write it below the corresponding picture.

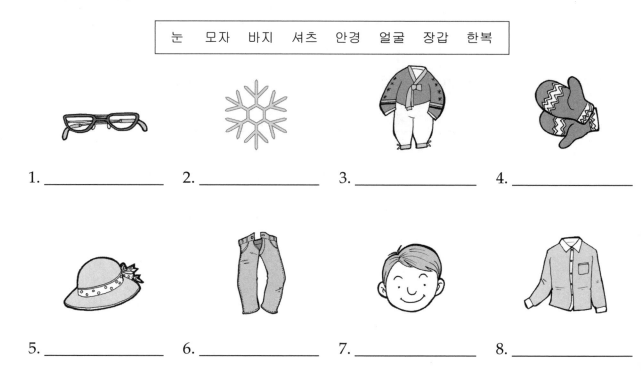

눈 모자 바지 셔츠 안경 얼굴 장갑 한복

1. ______________

2. ______________

3. ______________

4. ______________

5. ______________

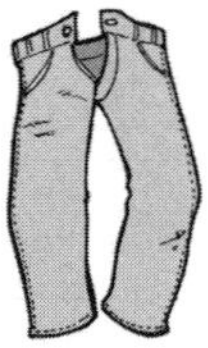
6. ______________

7. ______________

8. ______________

B. Fill in the blanks with the most appropriate expressions from the box below. Use each expression only once, and change the form if necessary.

나오다 다니다 ~~닮다~~ 쓰다 입다 찍다 크다

1. 우진씨는 형이랑 많이 닮았어요.
2. 가족 사진이 참 잘 ______________.
3. 지금 형님은 미국에서 대학원에 ______________.
4. 이 사진을 어디서 ______________?
5. 모자를 ______________ 사람이 제 동생이에요.

6. 노란 한복을 ______________ 분이 제 할머니세요.

7. 키가 ______________ 사람은 제 형님이예요.

C. Fill in the blanks with the most appropriate expressions from the box below. Use each expression only once, and change the form if necessary.

다 또 아직 어머 오래

1. 민지는 홍콩에서 1 년밖에 안 살았는데 소피아는 홍콩에서 ___________ 살았어요.

2. ___________, 사진이 참 잘 나왔네요.

3. 오늘 친구를 만났는데 내일도 ___________ 만나요.

4. 지금 벌써 2 시 30 분인데 점심을 ___________ 못 먹었어요.

5. 형제들이 ___________ 다른 데 사는데 어머니 생일 파티에 모두 와서 좋았어요.

D. Match the English words to the Korean counterparts.

1.	blue	•	• 노란색
2.	yellow	•	• 빨간색
3.	white	•	• 까만색
4.	red	•	• 하얀색
5.	black	•	• 파란색

E. Fill in the blanks with the appropriate verbs from the box.

끼다 *신다 쓰다 입다 *차다 하다.

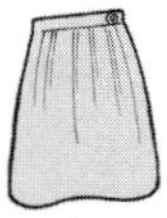	입다				

			하다		
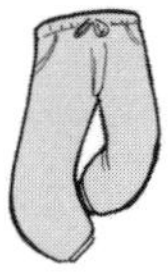					

			차다		

*신다 'to wear' (footgear); *차다 'to wear' (watch, belt, necklace, bracelet)

F. Translate the responses in B into Korean as in 1.

1. A: 벌써 12 시예요.

   B: I'm a bit tired. <u>좀 피곤하네요</u>.

2. A: 이 가방은 한국에서 샀어요.

   B: That's pretty. ______________________________.

3. A: 날씨가 좀 덥지요?

   B: Yes, it is very hot. ________________________________.

4. A: 제가 아버지를 많이 닮았지요?

   B: Yes, you look just like him. ________________________________.

5. A: 요즘 바쁘지요?

   B: Yes, I am very busy. ________________________________.

6. A: 이번 여름에 한국에 가요.

   B: I think that is good for you. ________________________________.

G. Complete the table below.

Dictionary form	Deferential ending	Polite ending	Noun-modifying form
노랗다 to be yellow	노랗습니다		
빨갛다 to be red		빨개요	
하얗다 to be white			하얀
까맣다 to be black	까맣습니다		
어떻다 to be some way		어때요	
그렇다 to be so			그런
좋다 to be nice			좋은

H. Fill in the blanks with appropriate expressions from G as in 1.

1. 한국 사람들은 <u>빨간</u>색으로 이름을 안 써요.

2. 프랑스 국기 ('national flag')에는________색, ________색, ________색이 있어요.

3. ________한국 음식을 좋아해요?

4. 골프를 많이 쳐서 얼굴이 ________.

5. 한국에는 싸고 ________식당들이 많아요.

6. 바나나('banana')는 ________색이에요.

7. 할아버지는 머리가 ________.

8. 제 친구는 ________색 차를 타요.

9. 저는 ________색 모자를 쓰고________색 셔츠를 입고 ________색 바지를 입었어요.

I. Fill in the blanks with the appropriate noun-modifying clauses as in 1.

1. 김 선생님은 책을 썼어요.

   김 선생님이 쓴 책은 재미있어요.

2. 지난 주말에 책을 읽었어요.

   _______________ 책은 한국책이었어요.

3. 어제 부모님하고 영화를 봤어요.

   _______________영화는 한국 영화였어요.

4. 지난 토요일에 친구들하고 한국 음식을 먹었어요.

   ______________________________ 한국 음식은 갈비예요.

5. 지난 생일에 선물을 받았어요.

   ______________________________ 선물은 컴퓨터예요.

6. 어제 친구를 만났어요.

   ____________친구는 한국에서 왔어요.

. Listen to the recording and complete the dialogues.

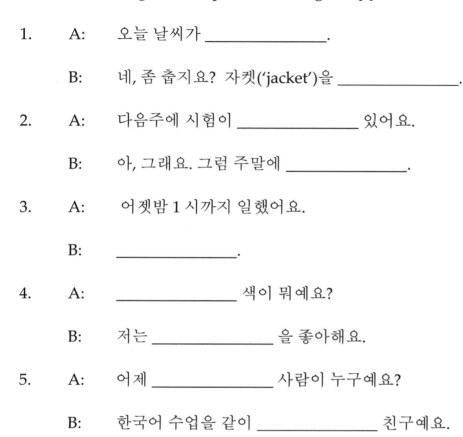

1. A: 오늘 날씨가 ______________.

   B: 네, 좀 춥지요? 자켓('jacket')을 ______________.

2. A: 다음주에 시험이 ______________ 있어요.

   B: 아, 그래요. 그럼 주말에 ______________.

3. A: 어젯밤 1 시까지 일했어요.

   B: ______________.

4. A: ______________ 색이 뭐예요?

   B: 저는 ______________ 을 좋아해요.

5. A: 어제 ______________ 사람이 누구예요?

   B: 한국어 수업을 같이 ______________ 친구예요.

. Translate the clauses in *italic* into Korean.

1. *The car that my friend bought yesterday* was made in Korea.

   ____.

2. *The person who I waited for in the library* was my girlfriend.

   ____.

3. *The movie I watched last Friday with Sophia* was very fun.

   ____.

4. *The city I grew up in in Korea* was very small. (도시 'city')

   ____.

5. *The friend I met in high school* is Matthew.

____.

6. *The pants that Mark is wearing* are black.

____.

L. Translate the following sentences into English.

1. 형이 좋아하는 영화는 액션영화예요.

____.

2. 날씨가 너무 좋아서 공원에 놀러 갔어요.

____.

3. 우리 한국어 반에는 안경을 낀 사람이 많아요.

____.

4. 스티브가 입은 옷은 아주 비싸요.

____.

5. 모자를 쓰고 청바지를 입은 사람이 제 룸메이트입니다.

____.

6. 지난 여름 방학에 읽은 책들을 동생한테 주고 다른 책을 샀어요.

____.

7. 제 친구는 한국에서 태어나서 미국에서 자랐어요.

____.

8. 키가 작은 우리 누나는 하얀색하고 파란색 옷을 자주 입어요.

____.

M. Listen to the following conversation between Minji and Woojin. Determine if the following statements are (T)rue or (F)alse.

1. ______ Minji shows her family photo to Woojin.
2. ______ Woojin's father is 58 years old.
3. ______ The photo was taken two months ago.
4. ______ Woojin's grandfather is wearing black traditional Korean clothes in the picture.
5. ______ Woojin's brother is a graduate student.

WRAP-UP ACTIVITIES

A. Create sentences by combining one phrase from A and one from B as in 1.

A.	도서관에 가다	수업에 늦다	친구를 만나다
	꽃집에 가다	의자에 앉다	아침에 일찍 일어나다
	한국어를 전공하다	청바지가 싸다	방이 깨끗하다
	점심을 많이 먹다	집에 가다	
B.	영화를 보다	공부하다	꽃을 사다
	먹다	학교에 가다	텔레비전을 보다
	죄송하다	사다	한국에 가다
	좋다	배 아프다	자다

1. 집에 가다, 자다 → 집에 가서 잤어요.
2. ______________________________
3. ______________________________
4. ______________________________
5. ______________________________
6. ______________________________
7. ______________________________

B. Answer the following questions in Korean.

1. 지난 주말에 할아버지 댁에 가서 뭐 했어요?
   할아버지하고 영화를 보고 저녁도 먹었어요.

2. 보통 친구 만나서 뭐 하세요?

______________________________________.

3. 보통 도서관에 가서 무슨 책을 읽어요?

______________________________________.

4. 내일 아침에 일어나서 뭐 할 거예요?

______________________________________.

5. 한국에 가서 뭐 하고 싶어요?

______________________________________.

6. 보통 수업 끝나고 집에 가서 뭐 하세요?

______________________________________.

7. 백화점에 가서 뭐 사고 싶어요?

______________________________________.

C. Fill in the blanks with the appropriate noun-modifying clauses as in 1.

1. 민지는 한국음식을 좋아해요.

   민지가 좋아하는 음식은 한국음식이에요.

2. 마크는 까만 바지하고 파란 셔츠를 자주 입어요.

   마크가 자주________________ 옷 색깔은 까만 색하고 파란 색이에요.

3. 작년에 우진 씨가 가족하고 사진을 찍었어요.

   이것은________________ 사진이에요.

4. 할머니께서 노란 한복을 입고 계세요.

   노란 한복을 ________________ 분이 우리 할머니세요.

5. 할아버지는 작년에 돌아가셨어요.

   작년에__________________ 할아버지는 선생님이셨어요.

6. 룸메이트가 갈비를 만들었어요.

   룸메이트가 __________________ 갈비는 정말 맛있었어요.

7. 제 친구는 미국에서 태어났어요.

   미국에서 __________________ 제 친구는 영어를 잘 해요.

8. 저는 요즘 책을 읽고 있어요. 한국 사람이 책을 썼어요.

   제가 __________________책은 한국사람이 __________________책이에요.

D. Read the following passage and answer the questions in Korean.

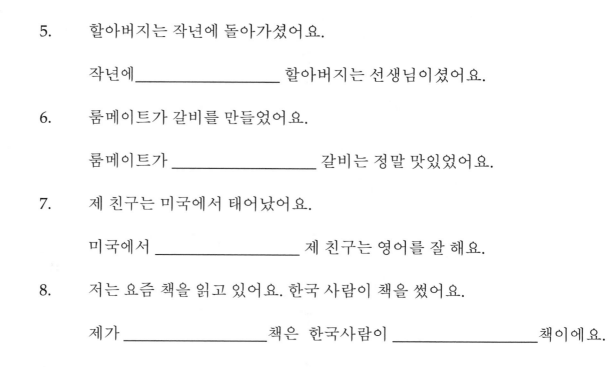

제 이름은 수잔 입니다. 우리 가족은 할아버지, 아버지, 어머니, 오빠, 그리고 저, 모두 다섯 명입니다. 할머니께서는 작년에 돌아가셨습니다. 할아버지께서는 연세가 여든 다섯이십니다. 그렇지만 건강하십니다. 지난 토요일은 할아버지 생신이었습니다. 그래서 가족들과 저녁을 먹고 가족 사진을 찍었습니다. 할아버지는 까만색 한복을 입고 사진을 찍으셨습니다. 아버지는 은행에서 일하시고 어머니는 고등학교에서 생물학을 가르치십니다. 아버지와 어머니는 운동을 좋아하셔서 보통 주말에 테니스를 치십니다. 오빠는 작년부터 대학원에 다니고 있습니다. 오빠의 전공은 경제학입니다. 저는 대학교 일학년입니다. 전공은 아직 없습니다. 그렇지만 정치학을 공부하고 싶습니다.

1. 할머니께서는 언제 돌아가셨습니까?

   작년에 돌아가셨습니다.

2. 부모님은 주말에 보통 무엇을 하십니까?

____.

3. 오빠는 지금 뭐 공부하고 있습니까?

____.

4. 부모님께서는 뭐 하십니까?

____.

5. 수잔의 가족은 모두 몇 명입니까?

____.

6. 할아버지 생신은 언제였습니까?

____.

7. 수잔 가족들은 할아버지 생신에 뭐 했습니까?

____.

8. 할아버지는 생신에 무슨 옷을 입고 사진을 찍으셨습니까?

____.

. Listen to the following narration and answer the questions in English.

1. How old is John?

____.

2. Why does John like to live in the dormitory?

____.

3. Who is John's roommate?

____.

4. What is John's roommate studying?

____.

5. What does John usually do on the weekend?

____.

6. What is John going to do for his vacation?

____.

F. Read the following passage and answer the questions in Korean.

안녕하세요? 저는 뉴욕에서 온 우진이에요. 우리 한국어 반에는 좋은 친구들이 많아요. 마크는 캐나다 밴쿠버에서 왔어요. 마크 부모님은 지금도 밴쿠버에 사세요. 마크는 불고기를 아주 좋아해요. 그리고 다른 사람들한테 아주 친절해요. 스티브는 호주에서 왔어요. 스티브는 키가 아주 커요. 그리고 *성격이 좋아서 한국 친구가 많아요. 스티브는 연극을 아주 좋아해서 가끔 저하고 극장에 가요. 민지는 캘리포니아에서 왔어요. 민지는 한국사람이에요. 그리고 테니스를 아주 잘 쳐요. 민지는 미국 대학에서 중국어도 배웠어요. 민지는 사촌 언니가 서울에 살아서 주말에 가끔 사촌 언니 집에 가요. 소피는 홍콩에서 왔는데 한국영화와 음악을 좋아해요. 소피는 매일 일찍 자고 일찍 일어나요. 지난 크리스마스에는 한국어반 친구들하고 학교 기숙사 식당에서 파티를 했어요. 소피하고 저는 파티에 빨간색 산타 할아버지 모자를 쓰고 갔어요. 아주 재미있는 파티였어요.

*성격 'personality'

1. 한국 영화를 좋아하는 사람은 누구예요? <u>소피예요.</u>

2. 캐나다에서 온 사람은 누구예요? ________________________

3. 마크가 좋아하는 한국음식은 뭐예요? ______________________________

4. 테니스를 잘 치는 사람은 누구예요? ______________________________

5. 일찍 자고 일찍 일어나는 사람은 누구예요? ______________________________

6. 키가 아주 큰 남자는 누구예요? ______________________________

7. 우진 씨하고 가끔 연극 보러 극장에 가는 사람은 누구예요?

____

G. The following is Woojin's self-introduction. Fill in the blanks with the most appropriate words from the box below. Use each word only once, and change the form if necessary.

가다	계시다	돌아가시다	많다	하다
보내고 싶다	살다	오다	있다	태어나다

안녕하세요? 저는 서울에서 ____________________. 그런데 가족은 지금 밴쿠버에 ____________________. 우리 가족은 부모님, 누나, 형, 여동생 그리고 나, 모두 여섯 명입니다. 할아버지는 한국에 ____________________. 할머니는 작년에 ____________________ 할아버지는 지금 혼자 사세요. 저는 한국어와 한국 문화를 배우러 한국에 ____________________. 내년 6월까지 1년동안 한국에 ____________________. 자주 할아버지 집에 ____________________. 할아버지는 연세가 ____________________ 운동을 많이 ____________________ 건강하세요. 할아버지하고 많은 시간을 ____________________.

H. Translate the following questions into Korean. Interview your classmates with the questions and write down their answers in Korean.

1. Where were you born?

   ______________________________.

2. How old are your parents?

   ______________________________.

3. How many siblings do you have?

   ______________________________.

4. Whom do you resemble? What is the resemblance?

   ______________________________.

5. What color clothes do you wear often?

   ______________________________.

6. What kinds of clothing style (옷 스타일) do you like?

   ______________________________.

7. What kind of clothing style is comfortable?

   ______________________________.

8. How do Korean college students wear their clothes?

   ______________________________.

I. You are scheduled to arrive in Korea 8 pm tomorrow, and your language partner (whom you've never met before) will pick you up at the airport. Write an e-mail message to describe your appearance as much as you can.

. Group activity: Bring a childhood picture to class to share with your classmates. Circulate the pictures and guess who the baby is. Write down the reason for your guesses as shown in 1.

Picture A: 리나 씨

1. 큰 눈이 닮았어요.
2. 얼굴이 하얘요.
3. ____________________
4. ____________________

Picture B: ____________씨

1. ____________________
2. ____________________

3. ________________________

4. ________________________

Picture C: _____________씨

1. ________________________

2. ________________________

3. ________________________

4. ________________________

3과 전화 [On the Telephone]

CONVERSATION 1	스티브 씨 좀 바꿔 주세요.

A. From the box below, choose the words that correspond to the body parts in the picture (see beginning 2 textbook, p. 106).

귀	눈	머리	발	손	입	코

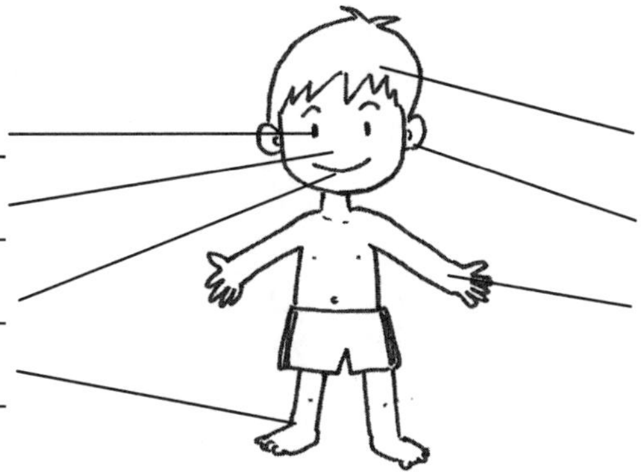

1. 눈 ______
2. ______
3. ______
4. ______
5. ______
6. ______
7. ______

B. Describe what illness the following people are suffering from.

1. 목이 아파요. 2. ______ 3. ______ 4. ______

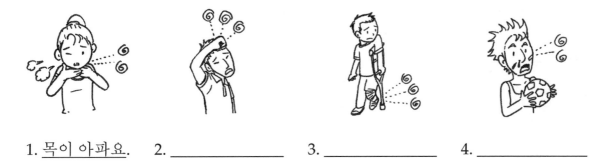

C. Listen carefully and write the words you hear.

1. ______ 2. ______

3. ______ 4. ______

5. ______ 6. ______

D. Choose the expression that best describes each picture and write it below the corresponding picture.

감기에 걸리다	돕다	비가 오다	빨래하다	청소하다	편지를 부치다

1. ______________

2. ______________

3. ______________

4. ______________

5. ______________

6. ______________

E. Complete the table below.

Dictionary form	~어/아요	~어/아 줘요	~어/아 주세요
사다	사요		
읽다			
바꾸다		바꿔 줘요	
빌리다			
준비하다			준비해 주세요
돕다	도와요		

F. Listen to the recording carefully. Write the number of the sentence you hear next to the corresponding English translation.

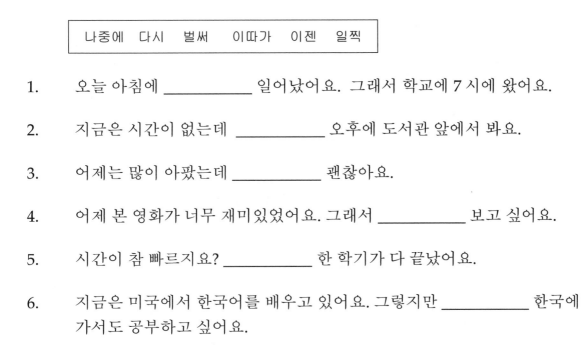

- [1] Hello.
- [ ] May I speak to Soobin?
- [ ] May I ask who's calling?
- [ ] Good-bye.
- [ ] I will call you again.
- [ ] Just a moment, please.

G. Fill in the blanks with the most appropriate adverbs from the box below. Use each adverb only once.

나중에	다시	벌써	이따가	이젠	일찍

1. 오늘 아침에 __________ 일어났어요. 그래서 학교에 7 시에 왔어요.
2. 지금은 시간이 없는데 __________ 오후에 도서관 앞에서 봐요.
3. 어제는 많이 아팠는데 __________ 괜찮아요.
4. 어제 본 영화가 너무 재미있었어요. 그래서 __________ 보고 싶어요.
5. 시간이 참 빠르지요? __________ 한 학기가 다 끝났어요.
6. 지금은 미국에서 한국어를 배우고 있어요. 그렇지만 __________ 한국에 가서도 공부하고 싶어요.

H. Fill in the blanks as you listen to the following telephone conversation.

스티브: (1) ____________________.

민지: (2) ____________________수잔 씨 집이지요?

스티브: 네, (3)____________________.

민지: 수잔 씨 좀 (4) ____________________ 주세요.

스티브: (5) ____________________ 누구세요?

민지: 친구 김민지예요.

I. Fill in the blanks with the most appropriate verbs from the box below. Use each verb only once, and change the verbs using the ~어/아 form if necessary.

가르치다	만들다	부치다	빌리다	오다	전화하다

1. 마크가 저녁에 맛있는 스파게티('spaghetti')를 ______________ 줬어요.
2. 어제 생일 파티에 친구들이 많이 ______________ 줬어요.
3. 수빈 씨가 스티브 씨 전화 번호를 ______________ 줬어요.
4. 돈 $20 만 좀 ______________ 주세요.
5. 우체국에 가서 편지 좀 ______________ 주세요.
6. 수진 씨, 오늘 저녁에 제 핸드폰 ('cell phone')으로 ______________ 주세요.

J. Circle the most appropriate form of word in [ ].

1. 엄마가 동생[께, 한테] 시계를 [주셨어요, 드렸어요].
2. 샌디가 친구[께, 한테] 중국어를 가르쳐 [줬어요, 주셨어요].
3. 마크가 김 교수님[께, 한테] 사전을 빌려 [주셨어요, 드렸어요].
4. 아버지[께, 께서] 저한테 책을 읽어 [주셨어요, 드렸어요].

K. Look at the images below and make request sentences ending ~어/아 주세요.

1. 책 읽어 주세요.

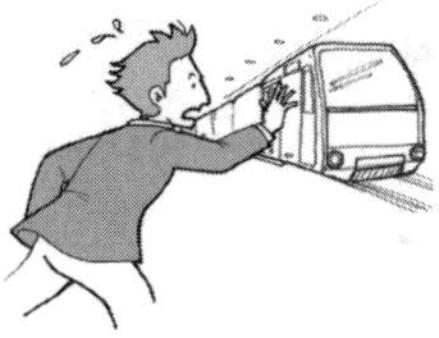

2. ________________

3. ________________

4. ________________

5. ________________

L. Write a short thank-you message to the following people using the ~어/아 주셔서 감사합니다 pattern.

1. 할아버지: 컴퓨터를 사 주셔서 감사합니다.
2. 아버지: ________________________________.
3. 어머니: ________________________________.
4. 선생님: ________________________________.

M. Fill in the empty boxes with the conjugated forms of 되다 with different sentence-ending suffixes.

~어/아요	~ㅂ니다	~지요	~었어요	~(으)ㄹ까요
되어요 (돼요)			(　　　)	

N. Translate the following sentences into Korean.

1. Soobin bought a blue hat for her mother.

   ____.

2. My grandfather taught me tennis I was seven years old.

   ____.

3. My friend who came from China made Chinese food for me.

   ____.

4. Please let me borrow your Japanese dictionary.

   ____.

5. Thank you for waiting for me for an hour.

   ____.

6. Please help me with my Korean homework.

   ____.

O. Complete the table below.

Dictionary form	~어/아요	~어/아야 돼요
가다	가요	
걷다		
기다리다		
만들다		
빨래하다		빨래해야 돼요
이다	이에요/예요	

조용하다	조용해요	
좋다		

. Sophia is throwing a party at her place. Describe the things she needs to do before the arty using ~어/아야 돼요.

1. 친구들한테 전화해야 돼요.　2. ______　3. ______

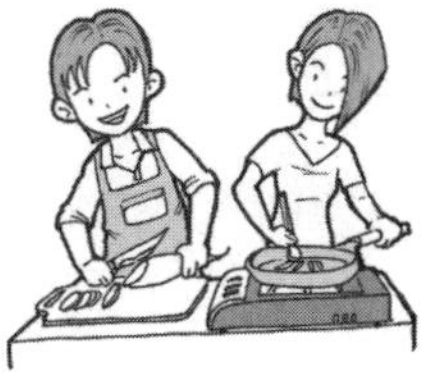

(샤워'shower'하다)

4. ______　5. ______　6. ______

. Imagine that you are in the following situations. Write down what you need to do to esolve the situations using ~어/아야 돼요.

1. 내일 한국어 시험이 있어요.　밤 12 시 까지 공부를 해야 돼요.
2. 감기에 걸려서 머리가 많이 아파요.　______
3. 오늘 학교에 못 가서 숙제를 몰라요.　______
4. 택시를 탔는데 차가 너무 막혀요.　______
5. 큰 도시에서 살고 싶어요.　______
6. 너무 배가 고파요.　______

R. Each of your friends has different concerns. Please advise them using ~어/아야 돼요.

1. A: 한국어를 잘 하고 싶어요. 어떻게 해야 돼요?

   B: <u>매일 단어('vocabulary')를 공부해야 하고</u>,

   ______________________고 ______________________.

2. A: 돈을 많이 벌고('to earn') 싶어요. 어떻게 해야 돼요?

   B: ______________________, ______________________고,

   ______________________.

3. A: 다이어트('diet')를 하고 싶어요. 어떻게 해야 돼요?

   B: ______________________, ______________________고,

   ______________________.

4. A: 친구를 많이 사귀고 싶어요. 어떻게 해야 돼요?

   B: ______________________, ______________________고,

   ______________________.

5. A: 선생님이 되고 싶어요. 어떻게 해야 돼요?

   B: ______________________, ______________________고,

   ______________________.

S. Fill in the blanks with the most appropriate verbs from the box below. Use each verb only once, and change the form if necessary using the ~(으)ㄹ게요 form.

도와 주다	드리다	받다	뵙다	오다

1. A: 전화 왔어요.

   B: 네, 제가 ________________________.

2. A: 지금은 좀 바쁜데요. 이따가 다시 올래요?

   B: 네, 이따가 다시 ________________________.

3. A: 지금 선생님 안 계시는데요.

   B: 그럼, 나중에 전화 ________________________.

4. A: 내일 3 시 30 분까지 연구실로 오세요.

   B: 네, 선생님 내일 ________________________.

5. A: 경제학 숙제를 하는데 잘 모르겠어요.

   B: 제가 ________________________.

T. Make a promise to three important people in your life using the ~(으)ㄹ게요 form as in 1.

1. 어머니____: 어머니, 전화 자주 드릴게요.
2. ____________: ________________________________.
3. ____________: ________________________________.
4. ____________: ________________________________.

U. Listen to the conversation between Minji and Steve and answer the following questions.

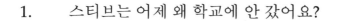

1. 스티브는 어제 왜 학교에 안 갔어요?

(a) 

(b) 

(c) 

(d) 

2. 스티브하고 민지는 무슨 수업을 같이 들어요?

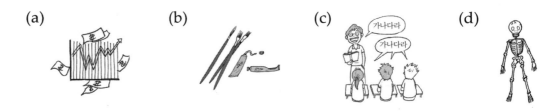

(a) 

(b) 

(c) 

(d) 

3. 스티브는 내일 뭐 할 거예요?

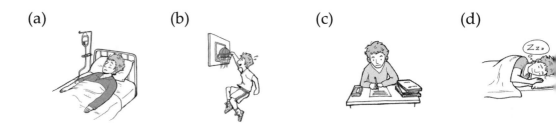

(a) 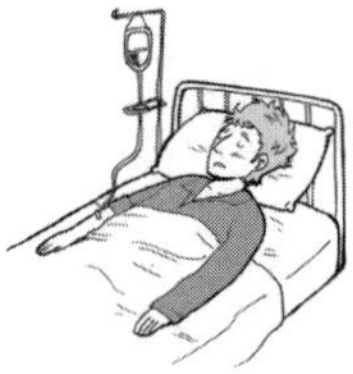

(b) 

(c) 

(d) 

CONVERSATION 2 | 박 교수님 댁이지요?

A. Fill in the blanks with the appropriate particles.

1. 돈이 없어요.
2. 돈_____ 들어요.
3. 돈_____ 써요.
4. 돈_____ 부쳐요.
5. 돈_____ 있어요.

B. Fill in the blanks with the most appropriate expressions from the box below. Change them into Korean, and use each expression only once.

because of	cost of living	new	shoes	teacher's wife	to be noisy	water

1. 뉴욕 __________이/가 아주 비싸요. 그래서 돈이 많이 들어요.
2. 김 교수님께 전화했는데 __________이 전화를 받으셨어요.
3. 저녁 6 시 반에 인터뷰가 있어요. 그래서 __________옷을 사야 돼요.
4. 도서관 안이 너무__________. 도서관에서는 조용해야 돼요.
5. 감기 __________ 많이 아팠어요.
6. __________이/가 작아요. 그래서 발이 아파요.
7. 수영장에 __________이/가 아주 깨끗해요.

C. Listen to the recording carefully. Write the number of the sentence you hear next to the corresponding English translation.

- [1] Hello.
- [ ] This is [name] (lit. I switched the telephone).

- [ ] Please answer the phone.
- [ ] Is this Professor Kim's residence?
- [ ] May I speak to Professor Kim, please?
- [ ] Please wait a moment.

D. Listen carefully to the recording and write the words you hear.

1. ____________________ 2. ____________________

3. ____________________ 4. ____________________

5. ____________________ 6. ____________________

E. Complete the conversation with the most appropriate telephone expressions.

(Soobin calls Woojin, and his older sister answers the phone.)

우진이 누나: (1)____________________.

수빈: 여보세요. 거기 우진이 집이지요?

우진이 누나: 네, (2)____________________.

수빈: 우진 씨 좀 (3)____________________주세요.

우진이 누나: 지금 (4)____________________.

메시지를 (5)____________________?

(Mark calls Professor Kim, and Mrs. Kim answers the phone.)

사모님: 여보세요.

마크: 여보세요, 거기 김 교수님 (6)____________________?

사모님: 네, 그런데요.

마크: 교수님 좀 (7)____________________.

사모님: 네, (8)________________기다리세요.

여보, 전화 (9)____________________.

김 교수님: 여보세요. 전화 (10)____________________.

마크: 저, 마크 스미스인데요.

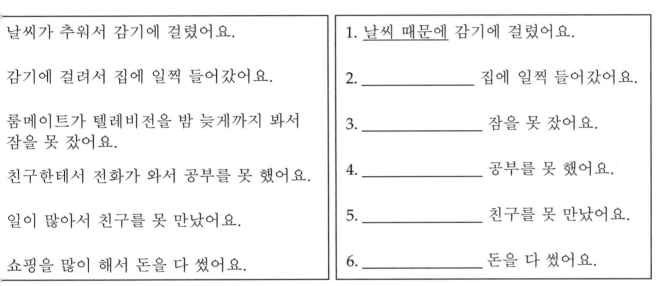

F. Rewrite the following sentences using 때문에.

날씨가 추워서 감기에 걸렸어요.	1. 날씨 때문에 감기에 걸렸어요.
감기에 걸려서 집에 일찍 들어갔어요.	2. ______________ 집에 일찍 들어갔어요.
룸메이트가 텔레비전을 밤 늦게까지 봐서 잠을 못 잤어요.	3. ______________ 잠을 못 잤어요.
친구한테서 전화가 와서 공부를 못 했어요.	4. ______________ 공부를 못 했어요.
일이 많아서 친구를 못 만났어요.	5. ______________ 친구를 못 만났어요.
쇼핑을 많이 해서 돈을 다 썼어요.	6. ______________ 돈을 다 썼어요.

G. Answer the following questions using 때문에 as in 1.

1. 요즘 왜 피곤하세요? 일 때문에 피곤해요.
2. 요즘 왜 돈이 많이 들어요? ______________________________.
3. 왜 한국어를 들으세요? ______________________________.
4. 어제 왜 집에 일찍 들어갔어요? ______________________________.
5. 한국에 왜 가고 싶으세요? ______________________________.
6. 머리가 왜 아프세요? ______________________________.

H. Rewrite the six sentences in G using ~어/아서 as in 1.

1. 요즘 일이 바빠서 피곤해요.

2. ______________________________.

3. ______________________________.

4. ______________________________.

5. ______________________________.

6. ______________________________.

I. Look at the pictures below and guess why the following situations have occurred using 때문에.

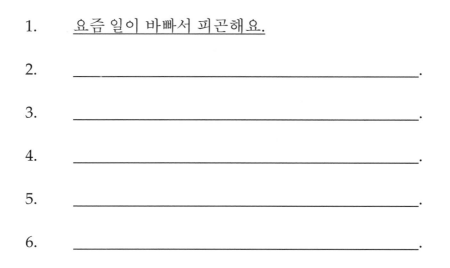

1. 음악 때문에 시끄러워요.

2. ______________________________.

3. ______________________________.

4. ______________________________.

5. ______________________________.

6. ______________________________.

J. Translate the following expressions into Korean using ~겠.

1. It is nice to meet you. (Lit. It is the first time meeting you.)

   처음 ______________________________.

2. May I ask you something? (Lit. I would like to ask you [something].)

   말씀 좀 ______________________________.

3. Thank you for the food. (Lit. I will eat [the meal] well.)

   잘 ______________________________.

4. I will be back tomorrow.

   내일 다시______________________________.

5. Would you like to leave a message?

   메시지를 ______________________________?

6. Today's news will start now.

   지금부터 오늘의 뉴스를 ______________________________.

7. The weather will be cloudy and cold tomorrow.

   내일은 날씨가 ______________________________.

K. Listen to the following telephone conversation. Determine if the following statements are (T)rue or (F)alse.

1. ______ Mark called Professor Kim to make an appointment.
2. ______ Mark wants to see Professor Kim because of his late homework.
3. ______ Professor Kim will be available tomorrow from 2 to 4 o'clock.
4. ______ Mark will meet Professor Kim at 1:30 pm.
5. ______ Mark will visit Professor Kim's home tomorrow.

L. Listen to the questions and write your own answers in Korean.

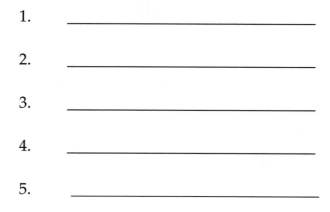

1. ______________________________
2. ______________________________
3. ______________________________
4. ______________________________
5. ______________________________

WRAP-UP ACTIVITIES

A. Listen to the following telephone message and fill in the blanks.

____________, 저 민지예요. ____________ 안녕하셨어요? 저는 학교에 잘

____________ 있어요. 저어, 책을 ____________ 지난 달에 받은 돈을 다 썼어요.

서울 ____________ 가 비싸서 돈이 많이 ____________. 죄송하지만 은행으로

돈 좀 __________________. 오백 불만 ____________ 주세요. 엄마, 고맙습니다.

B. Describe the illness and suggest ways to get better.

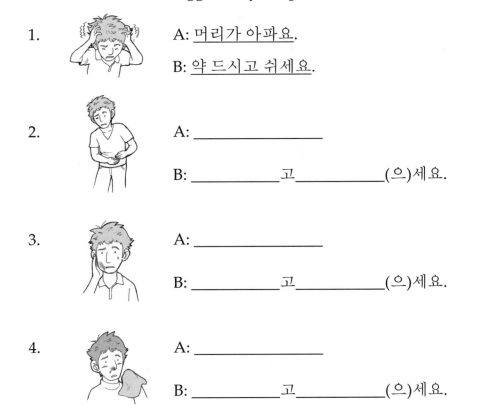

1. 

A: 머리가 아파요.

B: 약 드시고 쉬세요.

2. 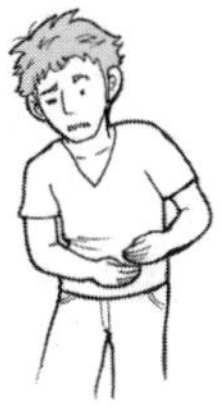

A: ________________

B: ___________고___________(으)세요.

3. 

A: ________________

B: ___________고___________(으)세요.

4. 

A: ________________

B: ___________고___________(으)세요.

C. You are looking for a roommate. Write an advertisement with all the conditions and qualifications you are looking for in a roommate.

룸메이트를 찾습니다!

1. 학생이어야 돼요.
2. ______________________________.
3. ______________________________.
4. ______________________________.
5. ______________________________.
6. ______________________________.
7. ______________________________.

(123)456-7890로 연락 주세요. (연락 'contact')

D. List the things you want to do and what you have to do in order to accomplish the things you want to do.

Things you want to do	Things you have to do
한국에서 공부하고 싶어요.	한국어를 열심히 공부해서 한국말을 잘 해야 돼요.

C. Create telephone conversations according to the directions given below.

1. You planned to see your classmate at 12:00 for lunch in front of the school cafeteria, but your schedule has changed. Call your classmate to change the time and the location for your get-together and apologize for the sudden change.

A: 여보세요.

B: ____

____

____

____

____

____

____

____

____

2. You are calling your friend, but his/her father answers the phone and tells you that your friend is not at home. Introduce yourself to him and leave a message for your friend.

A: 여보세요.

B: ____

____

____

3. Call your neighborhood pizza place and order a pizza for dinner. Include your address and telephone information.

A: 여보세요.

B:

F. Read the following conversation and answer the questions.

유진: 여보세요?
리사: 안녕하세요, 유진 씨. 리사예요.
유진: 어, 리사 씨.
리사: 유진 씨, 한국어 숙제 좀 가르쳐 주세요.
유진: 오늘 한국어 수업에 안 갔어요?
리사: 네, 오늘 못 갔어요. 감기에 걸려서 아팠어요.
유진: 많이 아팠어요?
리사: 네, 좀 많이 아팠는데 이젠 괜찮아요.
유진: 내일은 시험만 있고 숙제는 없어요.
리사: 아, 그래요?
유진: 내일은 학교에 갈 거예요?
리사: 네, 내일은 한국어 시험하고 생물학 숙제 때문에 학교에 가야 돼요.
유진: 그럼, 내일 학교에서 봐요.
그리고 (Please take good care of your health).
리사: 네, 고마워요. 내일 봐요.

1. 유진이하고 리사는 무슨 수업을 같이 들어요?

____

2. 리사는 왜 오늘 학교에 못 갔어요?

____

3. 리사는 유진 씨한테 왜 전화했어요?

____

4. 리사는 왜 내일 학교에 가야 돼요?

____

5. Translate the underlined expression into Korean.

____

G. Translate the following sentences into Korean.

1. May I speak to John, please?

____

2. May I speak to Professor Lee, please?

____

3. Professor Kim, I would like to see you tomorrow because of the exam.

____

4. The teacher lent his book to me until next weekend.

____

5. Thank you for helping with the homework despite your busy work.

____

6. I could not go to school for three days because of a cold.

____

7. The apartment has to be clean, cheap, and close to school.

____

8. Since I have an appointment with Professor Park later, I have to go now.

____

H. Call and leave a message for a friend you have not been able to talk to for a while. Explain why you have not been able to contact him or her and give your telephone number so that your friend can call you back.

14과 공항에서 [At the Airport]

CONVERSATION 1	토요일이라서 길이 막히네요.

A. Choose the word that best describes each picture and write it below the corresponding picture.

공항 기사 길 손님 택시

1. ______________

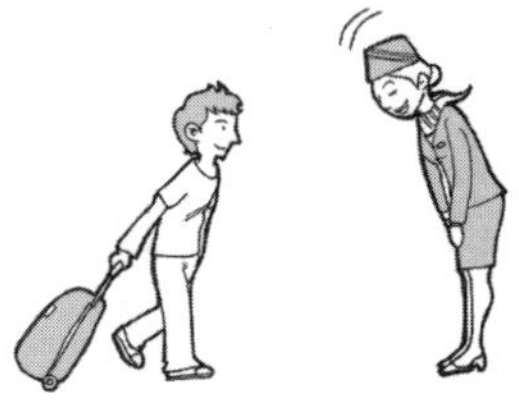

2. ______________

3. ______________

4. ______________

5. ______________

B. Fill in the blanks with appropriate words.

1. [어제] – [   ] – [내일] – [   ]

2. [   ] – [올해] – [   ]

3. [지난 달] – [   ] – [   ]

4. [월요일] – [ ] – [ ] – [목요일] – [ ] –

– [토요일] – [ ]

5. [ ] – [ ] – [가을] – [ ]

C. Fill in the blanks with the most appropriate words from the box below. Use each word only once.

공항 기사 모레 빨리 손님 아저씨 적어도 휴일

1. 내일은 ___________(이)라서 학교에 안 가요.
2. 공항까지 ___________ 한 시간은 걸리겠어요.
3. 이 식당은 ___________이/가 많아요.
4. ___________에서 비행기를 타요.
5. 택시 ___________ ___________이/가 아주 친절해요.
6. 내일은 토요일이고 ___________은/는 일요일이에요.
7. 길이 막혀서 ___________가지 못 할 거예요.

D. Fill in the blanks as you listen to the conversation between a taxi driver and a passenger.

기사: 어디까지 가십니까?

손님: 서울시청까지 _________________.

기사: 금요일 오후라서 길이 많이 _________________.

손님: 그럼 시청까지 얼마나 _________________?

기사: 적어도 40분은 걸리겠는데요.

손님: 네, 알겠습니다.

(at the city hall)

기사: 손님, 시청에 다 ________________.

손님: 얼마 ________________?

기사: 이만 삼천 원입니다.

손님: 여기 있습니다. ________________.

기사: 감사합니다. 안녕히 가세요.

E. Connect each of the phrases in the left column with the most appropriate predicate in the right column.

겨울이라서	•	•	음식이 비싸요.
새 비행기라서	•	•	김치('kimchi')를 잘 먹어요.
공항 식당이라서	•	•	추워요.
휴일이라서	•	•	학교에 안 갔어요.
한국사람이라서	•	•	깨끗해요.

F. Circle the most appropriate word in [ ].

1. 주말 [때문에, 라서, 이라서, 어서] 공항에 사람들이 많아요.
2. 아침 8 시[라서, 아서, 어서, 이라서] 길이 많이 막히네요.
3. 동생이 사는 데가 영국 [때문에, 라서, 이라서, 어서] 물가가 비싸요.
4. 15 살 [때문에, 라서, 아니라서, 이라서] 운전을 못해요.
5. 저는 학생[이라서, 아니라서] 학교 도서관에서 책을 못 빌려요.
6. 한국에서 혼자 사는 동생 [때문에, 라서, 이라서] 한국에 자주 가요.

G. Complete the following sentences as in 1 and translate the sentences into English.

1. 저는 학생이라서 돈이 없어요.

   → Because I am a student, I don't have money.

2. 다음 주는 시험이라서 ______________________________

   → ______________________________

3. 봄이라서 ______________________________

   → ______________________________

4. 제 친구는 부모님이 한국 사람이라서 ______________________________

   → ______________________________

5. 누나는 의사라서______________________________

   → ______________________________

6. 주말이라서 ______________________________

   → ______________________________

7. 지금은 방학이 아니라서 ______________________________

   → ______________________________

H. Change the following sentences using ~지 못하다 as in 1.

1. 배가 아파서 저녁을 못 먹었어요.

   배가 아파서 저녁을 먹지 못했어요.

2. 크레딧 카드가 없어서 식당에서 돈을 못 냈어요.

   ______________________________.

3. 제 동생은 중학생이라서 아직 운전 못 해요.

____.

4. 차가 막혀서 빨리 못 갈 거예요.

____.

5. 지난 주말에 할 일이 많아서 못 쉬었어요.

____.

6. 방학 동안 친구들한테 연락을 못 했어요.

____.

I. Complete the following dialogues using ~어서/아서 and ~지 못하다 as in 1.

1. A: 점심 먹었어요?
   B: 아니요, <u>배가 아파서 먹지 못했어요</u>.

2. A: 시험 잘 봤어요?
   B: 아니요, 시험이 ______________________.

3. A: 테니스를 잘 쳤어요?
   B: 아니요, ______________________.

4. A: 숙제 다 했어요?
   B: 아니요, ______________________.

5. A: 어제 일했어요?
   B: 아니요, ______________________.

6. A: 빨래했어요?
   B: 아니요, ______________________.

. Complete the sentences as in 1.

1. 오늘 바빠서 이메일을 보내지 못했어요.
   (I couldn't send you the e-mail.)

2. 첫 학기라서 ______________________________
   (I was not able to contact my parents often.)

3. 어제 감기에 걸려서 ______________________________
   (I couldn't go to school.)

4. 다른 약속이 있어서 ______________________________
   (I couldn't go to the party last Friday.)

5. 30 분 후에 수업이 있어서 ______________________________
   (I can't go for lunch somewhere far.)

6. 책 이름을 몰라서 ______________________________
   (I could not find the book at the bookstore.)

7. 지난 주말에 바빠서 ______________________________
   (I couldn't go swimming, and I could not get other exercise, either.)

<. Listen to the conversation and answer the questions.

1. Why is Mark going to Insa-dong?

   ______________________________.

2. According to Minji, why is it a bad idea to take a cab to go to Insa-dong?

   ______________________________.

3. What subway line takes Mark to Insa-dong?

   ______________________________.

CONVERSATION 2 | 마중 나왔어요.

A. Write the names of these locations in Korean.

1. ______________

2 . ______________

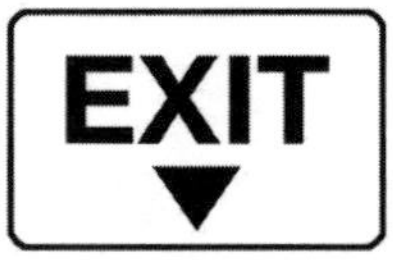

3 . ______________

4. ______________

5. ______________

B. Fill in the blanks with the most appropriate expressions from the box below. Use each expression only once, and change the form if necessary.

목소리	바로	부르다	웬일	적게

1. ________________ 먹고 많이 운동하세요.
2. 저녁을 많이 먹어서 배가 ________________.
3. 여기 ________________ 이세요?
4. 출구 ________________ 앞에 버스 정류장이 있어요.
5. 우리 아버지는 ________________ 이/가 크세요.

C. Connect each of the phrases in the left column with the most appropriate predicate in the right column.

노래방에 가서 노래를 •	• 싸요.
비행기가 3 시에 •	• 기다릴 거예요.
큰아버지가 버스 정류장에서 •	• 도착할 거예요.
한국은 택시비가 •	• 불렀어요.
제 남동생은 목소리가 •	• 작아요.

D. Circle the most appropriate adverb in [ ].

1. A: 여보세요? 민지 씨 핸드폰 ('cell phone')이지요?
   B: 목소리가 너무 작아요. [작게, 크게, 늦게] 말해 주세요.

2. A: 마크 씨는 비행기 잘 탔어요?
   B: 아니요, 공항에 한 시간이나 [일찍, 늦게, 바쁘게] 도착해서 비행기를 못 탔어요.

3. A: 어제 간 한국 식당 어땠어요?
   B: 좋았어요. 거기에서 불고기를 아주 [깨끗하게, 크게, 맛있게] 먹었어요.

4. A: 새로 산 책 어때요?
   B: 아주 [다르게, 시끄럽게, 재미있게] 읽었어요. 마크 씨도 읽을래요? 빌려 줄게요.

5. A: 지난 주말에 어떻게 보냈어요?
   B: 이번 주에 시험이 있어서 [재미있게, 바쁘게, 시끄럽게] 보냈어요.

6. A: 음식이 어땠어요?
   B: 아주 맛있었어요. 배가 [고프게, 부르게, 바쁘게] 많이 먹었어요.

E. Fill in the blanks with the most appropriate words from the box below. Use each word only once, and change the form using ~게.

깨끗하다	시끄럽다	싸다	~~재미있다~~	즐겁다	친절하다	편하다

1. 어제 친구하고 재미있게 게임을 했어요.
2. 방 청소를 아주 ________________ 해서 좋아요.
3. 도서관에서 ________________ 얘기하지 마세요.
4. 모자가 너무 비싸네요. 좀 ________________ 주세요.
5. 휴게실에서 ________________ 쉬고 싶어요.
6. 택시 기사 아저씨가 ________________ 도와 주셨어요.
7. 선생님, 주말 ________________ 보내세요.

F. Listen carefully to the recording and write the meaning of the sentences in English.

1. ____.
2. ____.
3. ____.
4. ____.
5. ____.
6. ____.

G. Match the signs on the left with their meaning on the right.

- *담배 피우지 마세요.
- 수영하지 마세요.
- *주차하지 마세요.
- 건너지 마세요.
- 들어가지 마세요.
- 음식을 먹지 마세요.
- 사진을 찍지 마세요.

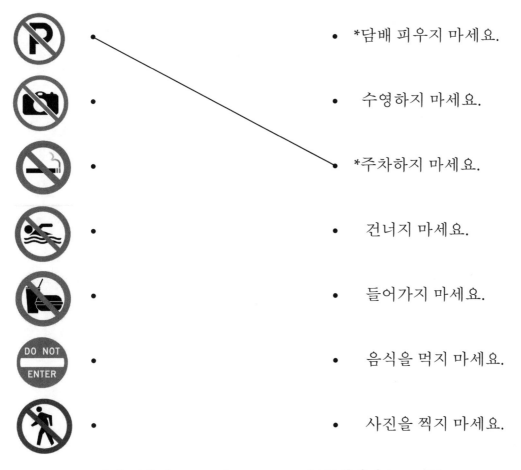

*담배 피우다 'to smoke cigarettes'; *주차하다 'to park'

H. Fill in the blanks as you listen to the following commands and translate the sentences into English.

1. 가지 ______________________________.

   [English] ____.

2. 너무 빨리 ____________________ 마세요.

   [English] ____.

3. 바쁜데 공항에 ____________ 마세요.

   [English] ____.

4. 수업 시간에 ____________ 마세요.

   [English] ____.

5. 커피 마시지 ___________ 주스를 마시세요.

   [English] ____.

6. 텔레비전을 __________________ 공부하세요.

   [English] ____.

7. 한국어 수업 시간에 영어를 ________________________.

   [English] ____.

I. Respond to the situation as in 1. Use ~지 마세요.

1. Someone drives too fast.

   너무 빨리 운전하지 마세요.

2. Someone drinks too much coffee.

   ____.

3. Someone spends too much money.

   ____.

4. Someone always comes to class late.

   ____.

5. Someone tries to take a photo of you.

____.

6. Someone dozes off in class.

____.

7. Someone wants to go home early from a party.

____.

8. Someone tries to eat some food too fast.

____.

. Complete the table below.

Dict. form	-어요/아요	-었/았/ㅆ어요	-어서/아서	-습/ㅂ니다
부르다	불러요		불러서	
모르다		몰랐어요		모릅니다
빠르다	빨라요		빨라서	
마르다		말랐어요		마릅니다

. Fill in the blanks below using the predicates in table in J.

1. 서울은 지하철이 깨끗하고 빨라요.
2. 선생님 전화 번호를 ________________ 전화하지 못했어요.
3. 제 친구는 노래를 잘 ________________ 노래방에 자주 가요.
4. 물을 많이 마시지 못해서 목이 ________________.
5. 저녁을 많이 먹어서 배가 ________________.

L. Listen to the conversations and choose the best answers.

(A) 1. The two people are talking about
- (a) a birthday party.
- (b) homework.
- (c) the library.

2. Mark couldn't do his homework because
- (a) he went to his friend's birthday party.
- (b) he couldn't go to the library.
- (c) he doesn't know how to do it.

3. Minji couldn't finish her homework because
- (a) she forgot to do it.
- (b) she worked late at the bookstore.
- (c) she went to her friend's birthday party.

(B) 4. Mark came to class late because
- (a) he woke up late.
- (b) he couldn't finish his homework.
- (c) there was heavy traffic.

5. Minji did her homework
- (a) at home.
- (b) at school.
- (c) at a café.

WRAP-UP ACTIVITIES

.. Listen to Mark's narration and answer the questions in Korean.

1. 마크는 왜 공항에 갔습니까?

   ____.

2. 오늘은 무슨 요일입니까?

   ____.

3. 마크의 집에서 공항까지 얼마나 걸렸습니까?

   ____.

4. 택시 비가 얼마였습니까?

   ____.

. Listen to the conversation and complete the sentences.

1. The two people are talking
   - (a) at the airport.
   - (b) in the airplane.
   - (c) at a café.

2. Mark is waiting for
   - (a) his friend.
   - (b) his younger brother.
   - (c) his younger sister.

3. Minji's friend is arriving at

   (a) 3:50 pm.

   (b) 4:00 pm.

   (c) 4:50 pm.

C. Read the following letter and answer the questions.

(1) Dear Mom and Dad,

(2) How have you been? 할머니께서도 건강하시지요? 그동안 (3) I am very sorry that I was not able to contact you. 첫학기라서 바쁘게 지냈습니다. 부모님께서 보내 주신 크리스마스 선물과 편지는 잘 받았습니다. 따뜻한 겨울 옷을 보내 주셔서 정말 고맙습니다. 잘 입겠습니다.

그 곳 밴쿠버 날씨는 어때요? 여기 서울 날씨는 요즘 아주 춥습니다. 언니, 오빠 모두 보고 싶습니다. (4) Please give my regards to my sister and brother. 그럼, 크리스마스 즐겁게 보내세요. 그리고 새해 복 많이 받으세요('Happy New Year').

(5) Dec. 19, 2013

서울에서
(6) From Minji

Translate (1) – (6) into Korean. Be sure to follow Korean letter style.

(1) Dear Mom and Dad ______________________

(2) How have you been? ______________________

(3) I am very sorry that I was not able to contact you.

____

(4) Please give my regards to my sister and brother.

____

(5) Dec. 19, 2013 ______________________________________

(6) From Minji ____

D. Answer the following questions using either 때문에 or ~(이)라서 as in 1.

1. Q: 요즘 날씨가 참 따뜻하네요.

   A: 네, **봄이라서** 따뜻해요.

2. Q: 왜 학교에 늦게 도착했어요?

   A: ____

3. Q: 왜 택시말고 버스를 타고 왔어요?

   A: ____

4. Q: 왜 유미 씨 동생이 운전을 안 하고 유미 씨가 운전을 했어요?

   A: ____

5. Q: 어제 휴일이었는데 왜 쉬지 못했어요?

   A: ____

E. Read the following conversation and answer the questions.

마크: 택시!

기사: (1) 어디까지 가세요?

마크: (2) Go to the airport, please.

기사: 네, 타세요.

(택시 안에서)

마크: 길이 많이 막히네요.

기사: (3) <u>There's a lot of traffic because it is Friday</u>.

마크: 공항까지 얼마나 걸릴까요?

기사: 글쎄요, 적어도 두 시간은 걸리겠는데요.

마크: 기사 아저씨, (4) <u>Don't drive too fast</u>.

기사: 네, (5) <u>알겠습니다</u>.

(공항 근처에서)

기사: 손님, 공항 다 왔어요. 국제선 ('international lines') 이에요, 국내선('domestic lines')이에요?

마크: 국제선으로 가 주세요. 얼마 나왔어요?

기사: 삼만이천 원입니다.

마크: 여기 있어요.

(6) <u>Thank you for your effort. (Lit. Keep making an effort</u>)

기사: 감사합니다.

(a) Translate (1) – (6) either from Korean to English or English to Korean.

(1) ____________________

(2) ____________________

(3) ____________________

(4) ____________________

(5) ____________________

(6) ____________________

ʼ. Read the following conversation and answer the questions.

마크:	민지 씨, (1)여기 웬일이세요?
민지:	어, 마크 씨, 안녕하세요? 큰아버지 (2)마중 나왔어요.
	마크 씨는 공항에 웬일이세요?
마크:	오늘 여동생이 영국에서 와요.
민지:	몇 시 비행기예요?
마크:	3 시 비행기예요. 20 분 후에 도착할 거예요.
민지:	공항까지 뭐 타고 오셨어요?
마크:	택시 탔어요.
민지:	택시비 많이 나왔겠네요.
	다음에는 택시를 타지 말고, 공항 버스를 타세요.
마크:	공항까지 직접 오는 버스가 있어요?
	저는 몰랐는데요, 어디서 타요?
민지:	출구로 나가서 길을 건너세요.
	그럼, 바로 거기 버스 정류장이 있어요.

1. Where is this conversation taking place?

____

2. In what situation do we use the expression (1) 여기 웬일이세요?

____

3. What is the meaning of '(2) 마중 나오다'?

____

4. What time is it now?

____

5. According to the above conversation, which one of the following is not true?
   (a) 민지와 마크는 마중을 나왔어요.
   (b) 마크 여동생은 영국에서 살아요.
   (c) 마크와 민지는 택시를 타고 공항에 왔어요.
   (d) 공항까지 직접 오는 공항버스가 있어요.

G. Translate the following sentences into English.

1. 저는 학생이라서 돈이 없어요.

____

2. 내일 저를 기다리지 마세요.

____

3. 텔레비전을 많이 보지 마세요.

____

4. 저녁에는 커피를 마시지 말고 주스를 드세요.

____

5. 한국어 수업 시간에는 영어를 쓰지 말고 한국어를 쓰세요.

____

H. Translate the following sentences into Korean.

1. Don't drink too much coffee.

____

2. I couldn't sleep well because I had to do homework until late at night.

____

3. Because there is an airport bus stop right in front of the airport, I don't take a taxi.

____

4. How long will it take to get to the airport?

____

5. I am very sorry that I was not able to send you a Christmas card earlier.

____

Role-play: Interview your classmates with the following questions regarding their aily habits. Advise them how to improve the quality of their lives and health as shown ı 1. Feel free to ask additional questions.

	이름:	이름:
1. 주말에 아침 일찍 일어나십니까?	네 아니요	네 아니요
2. 매일 아침을 드십니까?	네 아니요	네 아니요
3. 매일 30 분쯤 걸으십니까?	네 아니요	네 아니요
4. 학교에 자전거를 타고 다니십니까?	네 아니요	네 아니요
5. 계단으로 많이 다니십니까?	네 아니요	네 아니요
6. 보통 친구들하고 밖에서 만나십니까?	네 아니요	네 아니요
7. 텔레비전을 적게 보십니까?	네 아니요	네 아니요
8. 담배를 안 피우십니까? ('to smoke')	네 아니요	네 아니요
9. 과일('fruit')하고 야채 ('vegetable')를 자주 드십니까?	네 아니요	네 아니요
10. 매일 물을 8 잔쯤드십니까?		
11.		
12.		

Advice: 1. 엘리베이터 타지 말고 계단으로 다니세요.

2. ______________________________

3. ______________________________

J. You are studying abroad in Korea. Write a letter to your teacher and friends from a Korean language course back home. Try to include the following expressions as often a possible: ~는데/(으)ㄴ데; ~어/아야 돼요; ~어서/아서; ~(으)ㄹ게요; ~지 못하다; ~(이)라

________________ 선생님 그리고 ________________ 친구들께,

____

____

____

____

____

____

____

____

____

____

________ 년 ________ 월 ________ 일

______________________ 올림

15과 쇼핑 [Shopping]

CONVERSATION 1	어서 오세요.

A. Choose the word that best describes each picture and write it below the corresponding picture.

세일	쇼핑	양말	운동화	점원

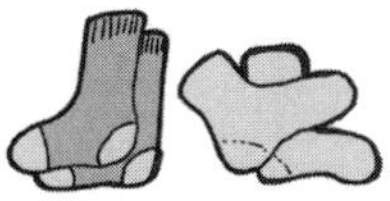

1.____________ 2.____________ 3. ____________ 4. ____________ 5. ____________

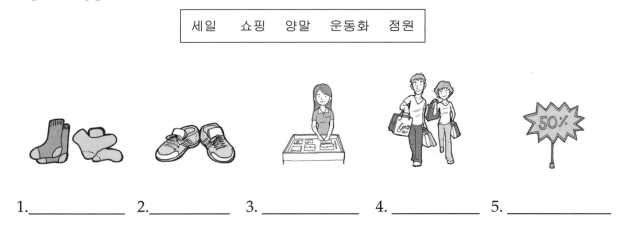

B. Fill in the blanks with the most appropriate expressions from the box below. Use each expression only once.

까만색	이쪽으로	어서	금방	사이즈	켤레

1. 날씨가 추워요. ______________ 방으로 들어 오세요.

2. 여기 ______________ 운동화가 많아요. ______________ 와서 보세요.

3. 제 신발 ______________ 는 250 인데요.

4. 어제 운동화 두 ______________ 를 샀어요.

5. 신발하고 양말을 ______________ 갖다 드릴게요. 잠깐만 기다리세요.

C. Complete the table below.

Dictionary form	Meaning	~(으)ㄹ 수 있다	~(으)ㄹ 수 없다
하다		할 수 있다	
먹다			먹을 수 없다
찾다			
치다			
만들다			
듣다			들을 수 없다
걸어 가다			
갈아 타다		갈아 탈 수 있다	
갖다 놓다			갖다 놓을 수 없다
타고 가다			

D. Fill in the blanks with the most appropriate expressions from the box below. Use each expression only once, and change the form using ~(으)ㄹ 수 있다/없다.

갈아입다 걸어가다 나가다 드리다 마중 나가다 먹다 찾다

1. 요즘 바빠서 아침을 ____________________.
2. 학교가 가까워서 ____________________.
3. 점원이 없어서 270 운동화 사이즈를 ____________________.
4. 내일 시험이 있어서 공항에 ____________________.

5. 빨래를 안 해서 옷을 ______________________________.

6. 세일이라서 양말 세 켤레를 1000 원에 ______________________________.

7. 어제는 눈이 많이 와서 밖에 ______________________________.

E. Complete the table below with Korean compound verbs.

	가다	오다
들다 'to enter'	들어가다 'to go in'	
내리다 'to fall'		내려오다 'to come down'
오르다 'to ascend'	올라가다 'to go up'	
돌다 'to turn'		돌아오다 'to come back'
걷다 'to walk'	걸어가다 'to go on foot'	

F. Complete the table below with Korean compound verbs.

	가다	오다	다니다
타다 'to ride'	타고 가다		
입다 'to wear'		입고 오다	
갖다 'to get'			갖고 다니다

G. Complete the table below with Korean compound verbs.

	입다	타다
갈다 'change'		

H. Fill in the blanks with the most appropriate expressions from the box below. Use each expression only once.

걸어다녀요	갖다주세요	갈아타세요	갖고 가세요	갖고 오세요
타고 오세요	갈아입어요	돌아가셨어요	입고 가세요	

1. 비가 올 거예요. 우산을 갖고 가세요.

2. 날씨가 추워요. 스웨터를 ________________________.

3. 목이 말라요. 물 좀 ________________________.

4. 버스를 타고 가서 시청역에서 지하철로 ________________________.

5. 내일 수업 후에 수영하러 갈 거예요. 수영복('swimsuit')을

   ________________________.

6. 집이 학교에서 가까워요. 그래서 학교에 ________________________.

7. 할아버지께서는 작년에 ________________________.

8. 학교에 걸어 오세요, 차 ________________________?

9. 옷을 어디에서 ________________________?

I. Complete the questions as in 1. Answer the questions using the particle 에.

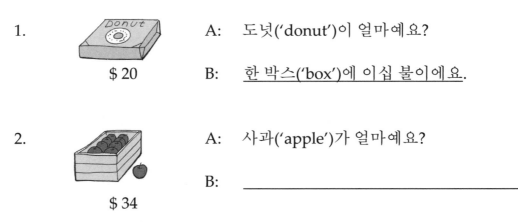

1. 

$ 20

A: 도넛('donut')이 얼마예요?

B: 한 박스('box')에 이십 불이에요.

2. 
$ 34

A: 사과('apple')가 얼마예요?

B: ________________________________.

3. 

$ 5

A: ____________ 얼마예요?

B: ____.

4. 

$ 14.99

A: ____________ 얼마예요?

B: ____.

5. 

$ 2.67

A: ____________ 얼마예요?

B: ____.

6. 

$ 8

A: ____________ 얼마예요?

B: ____.

7. 

$ 11

A: 오렌지가 얼마예요?

B: ____.

8. 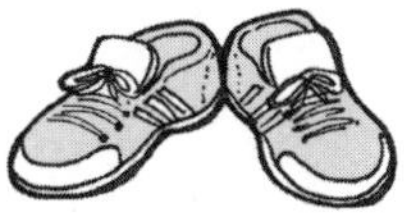

$ 52

A: ____________ 얼마예요?

B: ____.

. Translate the following sentences into Korean.

1. I am looking for blue sneakers, but I cannot find any.

____.

2. I will help you. Please come this way and take a look.

____.

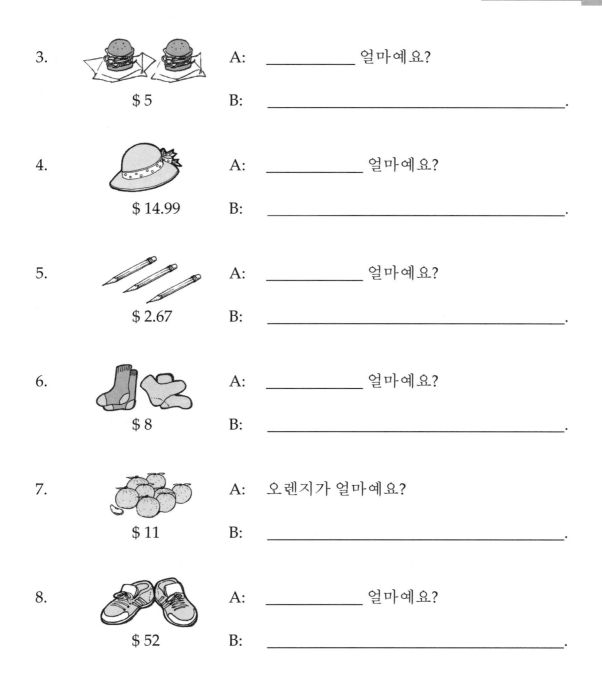

3. How much are those socks a pair?

____.

4. Please bring me a size 260 of the blue sneakers.

____.

5. I will bring them right away.

____.

6. I have only 50,000 won right now. Could you give me a good price (Lit. give it for cheap)?

____.

7. Since the sneakers are on sale, I can give them to you at 50,000 won.

____.

K. Fill in the blanks after listening to the conversation between a salesperson and Mark.

마크: 여기 장갑을 _________?

점원: 그럼요. 어서_________ 오세요. _________ 장갑을 찾으세요?

남자 장갑을 찾으세요, 여자 장갑을 찾으세요?

마크: _________ 장갑을 사고 싶은데요. 내일이 어머니 생신이세요.

점원: 아, 그래요? 그럼 이 장갑은 어때요?

마크: _________. 그런데 그건 얼마예요?

점원: _________ 이에요.

마크: 너무 비싸네요. 좀 싸게 해 주세요.

점원: 그럼, ________________________ 만 주세요.

마크: 감사합니다.

.. Answer the questions with your own experiences.

1. ____.

2. ____.

3. ____.

4. ____.

5. ____.

6. ____.

CONVERSATION 2	이 서점에 자주 오세요?

A. Fill in the blanks with the most appropriate expressions from the box below. Use each expression only once.

가끔	그냥	별로	보통	자주	제일

1. 얼마나 __________ 운동하세요?
2. 저는 __________ 서점에서 커피 마시면서 책을 읽어요.
3. 오늘은 __________ 할 일이 없어서 __________ 집에 있었어요.
4. 저는 __________ 아침을 안 먹고 학교에 가요.
5. 그 서점은 우리 집에서 __________ 가까워요.

B. Choose the word that best describes each picture and write it below the corresponding picture.

등산	목욕	문	잡지	졸업	화장실

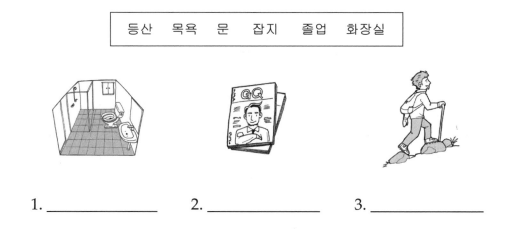

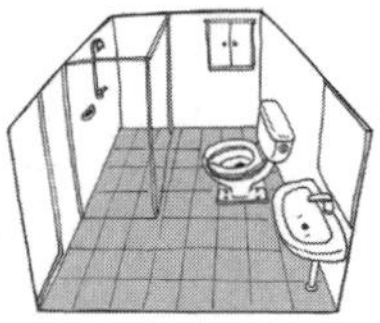

1. ______________ 2. ______________ 3. ______________

4. ______________ 5. ______________ 6. ______________

C. Match the actions in the pictures with their corresponding verbs in Korean.

1.	 •	• 세수하다
2.	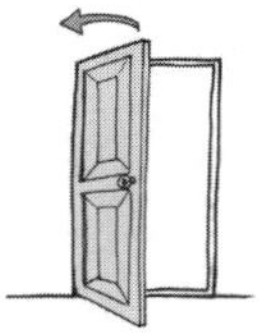 •	• 이(를) 닦다
3.	 •	• 열다
4.	 •	• 구경하다
5.	 •	• 손(을) 씻다

D. Complete the following dialogues using 별로 as in 1.

1. A: 오늘 날씨가 추워요?

   B: 아니요, **별로 안 추워요**.

2. A: 집에서 학교까지 멀어요?

   B: 아니요, ______________________. 학교까지 걸어서 와요.

3. A: 이 책 비싸요?

   B: 아니요__________________________.

4. A: 거리가 많이 복잡해요?

   B: 아니요. 휴일이라서 __________________________.

5. A: 운동화가 많이 커요?

   B: 아니요. __________________________.

6. A: 주말에 시간이 있어요?

   B: 아니요, __________________________.
   요즘 일을 해서 아주 바빠요.

E. Listen to the following dialogues between Yumi and Mark and choose the best answers.

1. Mark calls home
   (a) once a month.
   (b) twice a month.
   (c) once in two months.

2. Mark exercises
   (a) about three times a month.
   (b) about four times a week.
   (c) about three time a week.

3. Mark sleeps
   (a) about six hours a day.
   (b) about seven hours a day.
   (c) about eight hours a day.

4. Mark drinks coffee
   - (a) one cup a day.
   - (b) two cups a day.
   - (c) three cups a day.

5. Mark watches a movie
   - (a) twice a week.
   - (b) twice a month.
   - (c) twice a year.

. Create sentences using the clausal connective ~(으)면서 as in the example.

1.		**샤워하면서** 노래를 불러요.
2.	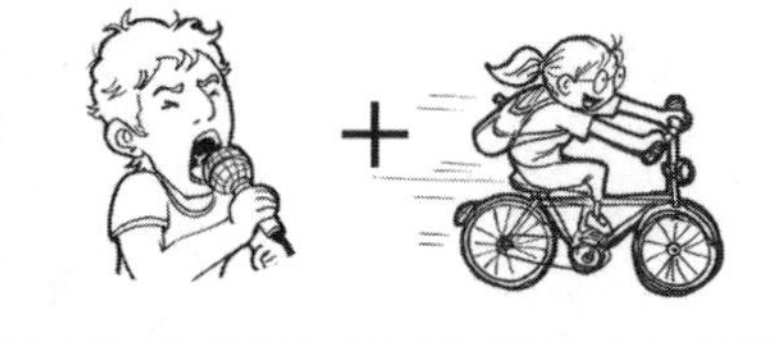	노래를 부르면서
3.		
4.	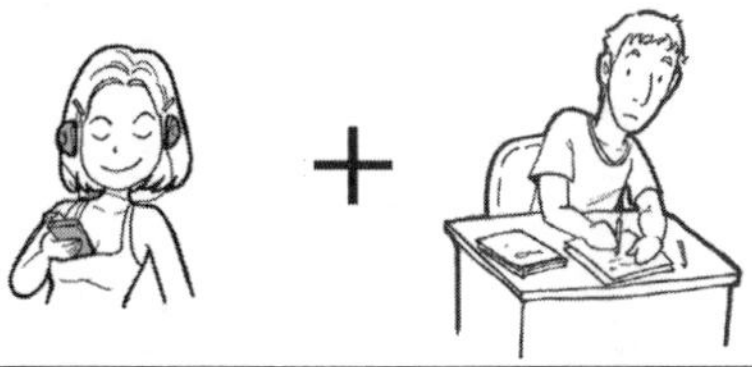	
5.		

6.		
7.		
8.	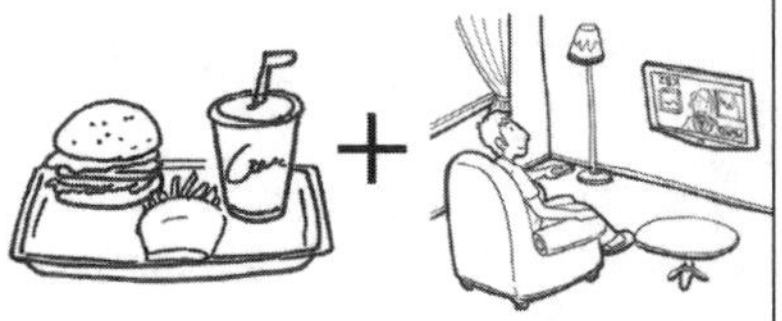	
9.	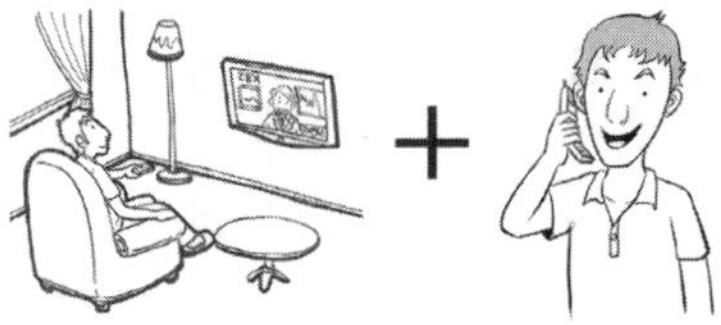	

G. Complete the following sentences by adding another concurring activity as in 1.

1. 아침을 먹으면서 신문을 읽어요.
2. 운동하면서 ______________________.
3. 운전하면서 ______________________.
4. 텔레비전을 보면서 ______________________.
5. 음악을 들으면서 ______________________.
6. 학교에 다니면서 ______________________.

H. Construct noun phrases as in 1.

1. 다음 주에 보다 — 다음 주에 볼 영화
a movie that I will see next week

2.	내일부터 살다	마크가 내일부터 __________ 아파트 an apartment where Mark will live from tomorrow
3.	내년에 졸업하다	내년에 __________ 학생 students who will graduate next year
4.	내일 입다	내일 __________ 옷 clothes that I will wear tomorrow
5.	다음주 월요일에 만나다	다음주 월요일에 __________ 사람 a person whom I will meet next Monday
6.	다음 주말에 하다	다음 주말에 __________ 일 things that I will do next weekend

. Translate the following sentences into English.

1. 이건 제가 형한테 줄 선물이에요.
   This is the present that I will give to my older brother.
2. 이 책은 제가 내일 읽을 책이에요.
   ____
3. 오늘 저녁에 먹을 것이 없어요.
   ____
4. 내년 여름에 한국에 갈 사람이 많아요.
   ____
5. 이번 주말에 할 일이 많아요.
   ____
6. 오늘 만날 사람이 누구예요?
   ____

J. Fill in the blanks as you listen to the sentences and translate the sentences into English

1. 다음 학기에 한국어 수업을 ________ 학생이 스무 명이에요.

   ____.

2. 지난 학기에 한국어를 ________ 분은 김 선생님이세요.

   ____.

3. 오늘 저녁에 ________ 음식은 중국 음식이에요.

   ____.

4. 여기가 제가 자주 ________ 식당이에요.

   ____.

5. 이 책은 형에게 ________ 선물이에요.

   ____.

6. 어제 학교에서 ________ 사람은 한국어 반 친구예요.

   ____.

7. 이번 주말에는 ________ 일이 아주 많아요.

   ____.

K. Combine the two sentences into one as in 1.

1. 목욕 했어요/ 숙제했어요

   → 목욕하고 나서 숙제했어요.

2. 테니스를 쳤어요/ 한국 식당에 갔어요

   → ________________________________.

3. 도서관에서 공부할 거예요/ 저녁을 먹을 거예요

→ ______________________________.

4. 수업을 들어요/ 운동해요

→ ______________________________.

5. 친구를 만날 거예요/ 집에 올 거예요

→ ______________________________.

6. 수업이 끝났어요/ 백화점에 갔어요

→ ______________________________.

_. Describe what Mark did last Saturday. Use the connective ~고 나서 as in the example.

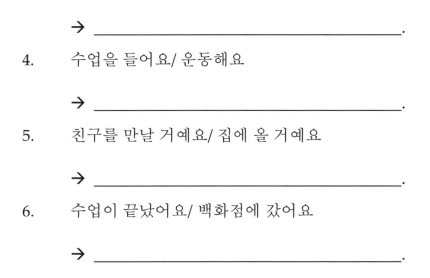

Mark's Saturday		activity 1~고 **나서** activity 2
8:30 am	shower	일어나고 나서 여덟시 반에 샤워를 했어요.
9:00	breakfast	샤워하**고 나서**
9:30	laundry	
11:00	play tennis	
12:40 pm	lunch	
1:50	coffee	
2:20	shopping	

M. Answer the following questions as in 1.

1. 보통 저녁 먹고 나서 뭐 해요?

   텔레비전을 봐요.

2. 수업 듣고 나서 보통 뭐 해요?

   ____.

3. 저녁 먹고 나서 뭐하고 싶어요?

   ____.

4. 영화 보고 나서 뭐 할 거예요?

   ____.

5. 어제 숙제하고 나서 뭐 했어요?

   ____.

6. 커피 마시고 나서 어디에 갈 거예요?

   ____.

N. Listen to the following conversation between Soobin and Woojin. Determine if the following statements are (T)rue or (F)alse.

1. _______우진은 친구 선물 사러 서점에 왔어요.
2. _______수빈은 이 서점에 두 달에 한 번쯤 와요.
3. _______우진은 이 서점에 자주 와요.
4. _______ 지금은 2 시예요.
5. _______ 수빈하고 우진은 같이 우진의 친구 선물을 살 거예요.

WRAP-UP ACTIVITIES

A. Listen to the conversations and choose the best answers.

(A) 1. The man's shoe size is

(a) 270.
(b) 275.
(c) 285.

2. The price of sneakers is

(a) 3,000 won.
(b) 30,000 won.
(c) 35,000 won.

(B) 3. The man is going to buy

(a) a pair of socks.
(b) three pairs of socks.
(c) six pairs of socks.

4. The man needs to pay

(a) 5,000 won.
(b) 10,000 won.
(c) 15,000 won.

(C) 5. Mark wants to buy

(a) a birthday card.
(b) a Korean textbook.
(c) a Korean textbook and a birthday card.

6. Minji is going

(a) to meet her friend.
(b) to drink coffee.
(c) to drink coffee and read a magazine.

B. Answer the following questions as in 1.

1. A: 부모님께 얼마나 자주 연락하세요?
   B: <u>일주일에 한 번 연락해요</u>.
2. A: 얼마나 자주 쇼핑하세요?
   B: ______________________________
3. A: 미국의 대통령 선거('presidential election')는 얼마나 자주 있어요?
   B: ______________________________
4. A: 일주일에 학교에 몇 번 오세요?
   B: ______________________________
5. A: 얼마나 자주 도서관에 가세요?
   B: ______________________________
6. A: 얼마나 자주 빨래하세요?
   B: ______________________________
7. A: 은행에 얼마나 자주 가세요?
   B: ______________________________
8. A: 얼마나 자주 파티에 가요?
   B: ______________________________

C. Circle the most appropriate word in [ ].

1. 다음 학기에 한국어를 [가르친, 가르칠, 가르쳐서] 선생님은 누구세요?
2. 이 책은 제가 다음 주말에 [읽은, 읽을, 읽는] 책이에요.
3. 내일 아침에 [먹을, 먹은, 먹는] 음식이 없어요.

4. 어제 [만나는, 만난, 만날] 친구는 뉴욕에서 왔어요.

5. 지난 학기에 한국어를 [들은, 듣는, 들을] 학생은 스물 두 명이에요.

D. Change the sentences into noun phrases as in 1.

1. **스티브**는 한국어 수업을 들어요.
   한국어 수업을 듣는 **스티브**

2. 마크는 키가 크고 친절해요.

   ________________________________ 마크

3. 백화점에서 신발을 살 거예요.

   ________________________________ 신발

4. 누나가 갈비를 만들었어요.

   ________________________________ 갈비

5. 다음 학기에 테니스를 배울 거예요.

   ________________________________ 테니스

6. 작년에 그 책을 읽었어요.

   ________________________________ 책

7. 주말에 친구를 만났어요.

   ________________________________ 친구

8. 아빠가 할머니에게 선물을 드릴 거예요.

   ________________________________ 선물

9. 동생이 차를 타고 왔어요.

   ________________________________ 차

E. Follow the directions below.

1. 오늘 할 일 한 가지('one thing')를 쓰세요.

____

2. 내일 할 일 두 가지('two things')를 쓰세요.

____

____

3. 이번 주말에 할 일 세가지('three things')를 쓰세요.

____

____

____

4. 이번 달에 살 것들을 쓰세요.

____

____

____

5. 지난 달에 산 것들을 쓰세요.

____

____

____

F. Read the following passage and answer the questions.

마크는 쇼핑하러 갔습니다.

지난 토요일에 지하철을 타고 동대문 시장('market')에 갔습니다. 동대문 시장은 옷과 신발 등을 파는 한국에서 제일 큰 시장인데 값이 많이 쌉니다. 그래서 많은 사람들이 동대문 시장에 쇼핑을 하러 갑니다. 그리고 동대문 시장은 24시간 문을 열어서 좋습니다. 구경하러 걸어 다니는 사람들도 많습니다. 시장에서 옷 구경도 하고 맛있는 음식도 사 먹습니다. 저는 운동화와 양말도 사고 김밥도 사 먹었습니다. 운동화와 양말은 세일이라서 아주 쌌습니다. 김밥도 아주 맛있었습니다. 옷 가게와 신발 가게들이 많아서 구경할 게 정말 많았습니다. 다음 주말에도 셔츠와 청바지를 사러 가고 싶습니다. 이번에는 친구들하고 같이 갈 겁니다.

1. 마크는 쇼핑하러 어디에 갔습니까?

   ____

2. 어떻게 시장에 갔습니까?

   ____

3. 마크는 시장에서 뭐를 샀습니까?

   ____

4. 시장은 몇 시에 문을 닫습니까?

   ____

5. 마크는 다음주에 누구하고 다시 시장에 갈 겁니까?

   ____

G. Complete the conversation below and practice it with a classmate.

마크: 여기 바지 있어요?

점원: ____.
(Sure. Please come in.)

마크: ____.
(I am looking for blue jeans.)

점원: 아 그래요. 이쪽으로 오세요.

마크: 저 청바지가 예쁜데요. 저 청바지 비싸지요?

점원: ____.
(Not really [Lit. It is not really expensive].)

____.
(The blue jeans are on sale, so they cost only 30,000 won.)

마크: 아, 그래요. 한번 볼게요.

H. Translate the following sentences into English.

1. 어제는 별로 할 일이 없어서 옷 구경하러 백화점에 갔어요.

____.

2. 백화점에서 친구를 만나서 커피 마시면서 이야기를 했어요.

____.

3. 커피 마시고 나서 옷 구경도 하고 신발도 사고 그랬어요.

____.

4. 유미는 보통 한 달에 한 번 백화점에 쇼핑하러 가요.

   ____.

5. 유미가 싸고 예쁜 신발을 골라 줬어요.

   ____.

. Translate the following sentences into Korean.

1. Last night I took the subway and went to the Dongdaemun Market.

   ____.

2. The sneakers and socks were on sale, so they were quite cheap.

   ____.

3. Because I have many things to do next weekend, I won't be able to come back to the market.

   ____.

4. I cannot choose clothes because there are too many. Could you help me?

   ____.

5. Because the market is open 24/7, it is very convenient.

   ____.

6. Because Dongdaemun Market has cheap and good clothes, there are many things to look at.

   ____

   ____.

J. First, write your own answers to the following questions. Then, ask your partner the same questions and write down the answers.

1. 얼마나 자주 영화 보러 극장에 가세요?

2. 얼마나 자주 부모님께 연락을 드리세요?

3. 얼마나 자주 운동하세요?

4. 얼마나 자주 청소하세요?

5. 보통 한달에 몇 번 장을 보러 가세요?

6. 얼마나 자주 한국 음식을 드세요?

7. 보통 일년에 몇 번 여행하세요?

K. Write about your favorite shopping destination in detail (e.g., location, products, price, service, business hours, why you like the place, and more). Try to include the following expressions as often as possible: ~고 나서; ~어서/아서; ~지만; ~어/아 주다; ~어/아야 되다; ~(으)ㄹ 수 있다/없다; noun-modifying form ~(으)ㄹ.

L. Diagnose your classmates' personalities based on the order they wash themselves. Ask them in what order they take a shower: washing face, brushing teeth, washing body '몸 씻다', washing hair '머리 감다'.

이름: ____________________

1. 샤워에 들어가서 뭐부터 해요?
2. ________________고 나서 뭐해요?
3. ________________고 나서 뭐해요?
4. ________________고 나서 뭐해요?

이름: ____________________

1. 샤워에 들어가서 뭐부터 해요?
2. ________________고 나서 뭐해요?
3. ________________고 나서 뭐해요?
4. ________________고 나서 뭐해요?

See the box below for the personality diagnosis.

1. 이부터 닦는 사람은 보통 책을 좋아하고 영화나 연극 보는 것을 좋아하는 사람이에요.
2. 세수부터 하는 사람은 착하고 예쁜 마음('heart')을 가진 사람이에요.
3. 몸부터 씻는 사람은 다른 사람이 입은 옷 스타일이나 그 사람의 얼굴부터 보는 사람이에요.
4. 머리부터 감는 사람은 보통 조용하고 말을 많이 안 하는 사람이에요.

16과 음식점에서 [At a Restaurant]

CONVERSATION 1	냉면 먹어 봤어요?

A. Choose the word that best describes each picture and write it below the corresponding picture.

과자	밥	음식점	종업원	케이크

1.______________ 2.______________ 3.______________ 4.______________ 5.______________

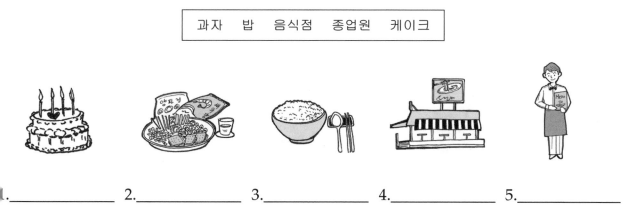

B. Fill in the blanks with the most appropriate expressions from the box below. Use each expression only once, and change the form if necessary.

뜨겁다	물어보다	시원하다	싫다	싫어하다	주문하다

1. 라면이 지금 너무 ______________. 좀 이따가 먹을래요.
2. 저는 이가 자주 아파서 찬 음식이 정말 ______________.
3. 어제 영미 전화 번호를 몰라서 마크한테 ______________.
4. 더운 여름에는 사람들이 ______________ 냉면을 많이 먹어요.
5. 마크는 육개장은 좋아하지만 순두부 찌개는 ______________.
6. 한국 식당에 가서 저는 보통 김치 찌개를 ______________.

C. Choose the adjective that best describes each picture and write it below the corresponding picture.

덥다	따뜻하다	뜨겁다	시원하다	차다	춥다

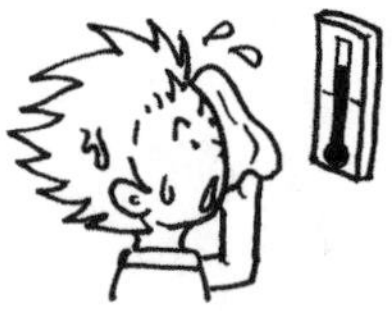

1. ______________ 2. ______________ 3. ______________

4. ______________ 5. ______________ 6. ______________

D. Fill in the blanks as you listen to the recording.

1. ____________________ 오세요.
2. ____________________ 있어요?
3. ____________________ 오세요.
4. 뭘 ____________________?
5. 냉면 먹어____________________?
6. 금방 ____________________ 드리겠습니다.

E. Complete the table below.

Dictionary form	~어/아 보다
먹다	먹어 보다
드시다	
읽다	
입다	
타다	
하다	
배우다	
쓰다	
듣다	
고르다	

F. Complete the following sentences using the ~어/아 보다 forms in table E above. Use each verb only once, and change the form if necessary.

1. 한국 음식을 한 번 ________________. 좋아할 거예요.
2. 운동화를 찾으세요? 여기에서 하나 ________________.
3. 재즈를 좋아하세요? 그럼, 이 음악을 ________________.
4. 서울에 가서 지하철을 ________________. 깨끗하고 빨라요.
5. 피곤하세요? 그럼, 아침에 운동을________________.
6. 이 책을 ________________. 참 재미있어요.
7. 밖에 많이 추워요? 그럼, 이 자켓을 한 번 ________________.

G. Make suggestions about the given situations using the ~어/아 보다 form.

1. 머리가 아파요.

→ ____.

2. 한국어 숙제가 너무 어려워요.

→ ____.

3. 점심을 못 먹어서 배가 고파요.

→ ____.

4. 잠을 못 자서 피곤해요.

→ ____.

5. 더워서 목이 말라요.

→ ____.

6. 옆방이 너무 시끄러워요.

→ ____.

H. Ask your classmates the following questions.

		Classmate 1	Classmate 2	Classmate 3
1	스케이트 보드를 타 봤어요?			
2	노래방에 가 봤어요?			
3	골프를 쳐 봤어요?			
4	한국 신문을 읽어 봤어요?			
5	한복을 입어 봤어요?			

Write your own questions using the ~어/아 보다 form. Ask your classmates the questions.

		Classmate 1	Classmate 2	Classmate 3
6				
7				
8				

. Describe the action presented in each picture using ~기. Make sentences using the descriptions as in the examples.

One likes to . . .
Example: 쇼핑하기를 좋아해요.

쇼핑하기			

One dislikes to . . .
Example: 샤워하기를 싫어해요.

샤워하기			

J. Fill in the blanks with the most appropriate expressions from the box below using ~기
Use each expression only once, and change the form if necessary.

만들다	부르다	운전하다	일어나다	주문하다

1. 교통이 복잡해서 ____________가 힘들어요.
2. 민지는 과자 ____________를 좋아해요.
3. 저는 아침 일찍 ____________가 정말 싫어요.
4. 한국 식당에 가서 한국어로 ____________가 어려워요.
5. 제 룸메이트는 샤워하면서 노래 ____________를 아주 좋아해요.

:. Using ~기, list five things that you enjoy doing and five things that you don't enjoy loing. Share your list with your partner.

'hings that you like to do:

1. ______________________________
2. ______________________________
3. ______________________________
4. ______________________________
5. ______________________________

'hings that you dislike to do:

1. ______________________________
2. ______________________________
3. ______________________________
4. ______________________________
5. ______________________________

.. Change the following sentences using ~기 때문에 and translate the sentences into :nglish as in 1.

1. 순두부 찌개가 너무 뜨거워서 못 먹겠어요.

   → 순두부 찌개가 너무 **뜨겁기 때문에** 못 먹겠어요.

   (English: I can't eat the soft tofu stew because it's too hot.)

2. 내일 시험이 3 개나 있어서 오늘 공부를 열심히 해야 돼요.

→ ____.

(English:)

3. 옷 구경을 하고 싶어서 이번 주말에 동대문 시장에 갈 거예요.

→ ____.

(English:)

4. 지난 주말에 머리가 아파서 공부를 할 수 없었어요.

→ ____.

(English:)

5. 배가 불러서 더 못 먹겠어요.

→ ____.

(English:)

6. 식당에 자리가 없어서 그냥 돌아갔어요.

→ ____.

(English:)

7. 지금 너무 피곤해서 운전을 할 수 없어요.

→ ____.

(English:)

M. Come up with your own answers to the following questions using ~기 때문에.

1. 왜 요즘 공부하기 싫어해요?

____.

2. 어제 왜 수업에 안 왔어요?

____.

3. 오늘 왜 냉면 먹으러 한국 식당에 못 가요?

____.

4. 수업 끝나고 나서 왜 집에 바로 가야 돼요?

____.

5. 다음 학기에 왜 한국어 수업을 들을 수 없어요?

____.

N. Listen to the following conversation at a Korean restaurant and fill in the blanks.

1. 리사는 한국 음식점에서 ___________을 주문했습니다.
2. 마크는 ___________에 있는 한국 음식점에서 육개장을 먹어 봤습니다.
3. 마크는 날씨가 ___________ 때문에 육개장을 주문했습니다.
4. 마크는 ___________은 안 먹어 봤습니다.
5. 육개장은 ___________ 음식이고 냉면은 ___________ 음식입니다.
6. 사람들이 더운 ___________에 냉면을 많이 먹습니다.

CONVERSATION 2 | 육개장이 맵지 않아요?

A. Choose the word that best describes each picture and write it below the corresponding picture.

계산서	김치	녹차	반찬	음료수	피자

1. ______________

2. ______________

3. ______________

4. ______________

5. ______________

6. ______________

B. Fill in the blanks with the most appropriate expressions from the box below. Use each expression only once, and change the form if necessary.

놓아 주다	돌려 주다	시키다	식사하다	잘라 주다

1. 된장 찌개는 저쪽에 ______________.
2. 저는 한국 식당에 가서는 보통 비빔밥을 ______________.
3. 머리가 너무 기네요. 좀 ______________.
4. 하루에 아침, 점심, 저녁, 보통 세 번 ______________.
5. 지난 학기에 빌려 준 책을 오늘 좀 ______________.

C. Match the English expressions to their Korean counterparts.

to taste bitter	•	•	짜다
to taste salty	•	•	달다
to taste sweet	•	•	맵다
to taste spicy	•	•	쓰다

D. Fill in the blanks as you listen to the conversation at a Korean restaurant.

(At a Korean restaurant)

종업원: 순두부찌개는 누가 (1)________________?

우진: 여기요. 냉면은 (2) ________________ 놓아 주세요.

마크: 육개장은 (3) ________________ 주세요.

종업원: 냉면 좀 잘라 (4) ________________?

수빈: 네, 좀 잘라 (5) ________________.

우진: 마크 씨, 육개장이 너무 (6)________________?

마크: 아니요, 좀 (7)________________ 맵지는 않아요. 아주 맛있어요.

순두부찌개는 어때요?

우진: 아주 (8)________________. 그래서 더 맛있어요.

수빈 씨, 냉면도 맛있어요?

수빈: 아주 시원하고 맛있는데요. 이 식당은 음식이 맛있고 싸서 참 좋네요.

저어, 여기요, 물하고 반찬 좀 더 (9)________________.

종업원: 네, 잠깐만 기다리세요. 금방 (10)________________.

E. Complete the table below.

	~어요/아요	~(으)ㄹ 거예요	~(으)ㄹ까요?	~(으)ㄹ 수 있어요
주다	줘요			
주시다				
드리다			드릴까요?	
드리시다				
돕다 + 주다	도와 줘요			
놓다 + 주시다		놓아 주실 거예요		
자르다 + 드리다				
돕다 + 드리다				도와 드리실 수 있어요

F. Circle the most appropriate forms of 주다 or 드리다.

1. 선생님께서 마크한테 사전을 한 권 [줬어요, 주셨어요, 드렸어요, 드리셨어요].

2. 그래서 마크가 선생님께 책을 한 권 사 [줄 거예요, 주실 거예요, 드릴 거예요, 드리실 거예요].

3. 지난 주에 민지가 마크한테 책을 한 권 빌려 [줬어요, 주셨어요, 드렸어요, 드리셨어요].

4. 지난 학기에 김 선생님께서 우리에게 한국어를 가르쳐 [줬어요, 주셨어요, 드렸어요, 드리셨어요].

5. 작년 할머니 생신에 아버지께서 할머니께 꽃을 선물해 [줬어요, 주셨어요, 드렸어요, 드리셨어요].

6. 오늘 저녁에 민지 어머니께서 민지 친구들한테 맛있는 한국 음식을 만들어 [줄 거예요, 주실 거예요, 드릴 거예요, 드리실 거예요].

7. 선생님, 방 안이 좀 덥죠? 문을 좀 열어 [줄까요, 주실까요, 드릴까요, 드리실까요]?

G. Complete the sentences using either ~어/아 주시다 or ~어/아 드리다. Change the form if necessary.

1. (식당에서)

   손님: 여기 물 좀 더 갖다 ________________________.

   종업원: 네, 금방 갖다 ________________________.

2. A: 한국어 숙제가 너무 어려워서 못 하겠어요.

   B: 제가 좀 ________________________ (돕다).

3. 택시 기사: 손님, 어디에 세워 ________________________?
   (세우다 'to stop the car')

   손님: 그냥 여기서 세워 ________________________.

4. A: 볼펜이 없네요.

   B: 제가 하나 ________________________(빌리다). 여기 있어요.

5. 선생님: 교실 안이 너무 더워요.

   학생: 문을 좀 ________________________(열다)?

   선생님: 네, 좀 ________________________(열다).

6. A: 여기서 우체국까지 어떻게 가요?

   B: 네, 제가 ________________________(가르치다).
   저기 도서관이 보이죠?

H. Rewrite the sentences using ~지 않다 as in 1.

1. 바빠서 운동을 안 해요.

   → 바빠서 운동을 하지 않아요.

2. 제 룸메이트는 아침에 일찍 안 일어납니다.

   → ______________________________.

2. 오늘은 학교에 안 갈 거예요.

   → ______________________________.

3. 아직 한국어 숙제가 다 안 끝났어요.

   → ______________________________.

4. 이번 주말에 영화 보러 안 갈래요?

   → ______________________________.

5. 그 책은 안 빌려 줄래요.

   → ______________________________.

6. 한국 사람들은 집 안에서 신발을 안 신습니다.

   → ______________________________.

7. 이번 겨울은 안 추울까요?

   → ______________________________.

I. Answer the following questions as in 1.

1. A: 육개장이 너무 뜨겁지 않아요?

   B: 네, 뜨거워요.

2. A: 요즘 텔레비전 안 봐요?

   B: 아니요, ______________.

3. A: 오늘 날씨가 정말 안 좋죠?

   B: 네, ______________________________.

4. A: 이 음악은 좀 시끄럽지 않아요?

   B: 네, ______________________________.

5. A: 이따가 파티에 안 갈 거예요?

   B: 아니요, ______________________________.

6. A: 한국어가 너무 어렵지 않아요?

   B: 아니요, ______________________________.

7. A: 어제 본 영화가 재미없지 않았어요?

   B: 네, ______________________________.

8. A: 내일 비가 오지 않을까요?

   B: 네, ______________________________.

. Listen to the questions and answer them in full Korean sentences.

1. ____.
2. ____.
3. ____.
4. ____.
5. ____.
6. ____.

WRAP-UP ACTIVITIES

A. Write the Korean loanwords corresponding to the English words as shown below.

English words	Korean loanwords
golf	골프
cake	
bowling	
menu	
sandwich	
pizza	

B. Check the Korean foods you have tried. Describe their taste using the words provided in the box below. Ask classmates what the foods you haven't tried yet taste like.

맛있다	맛없다	차다	시원하다	뜨겁다
짜다	맵다	달다	쓰다	

[ ] 김치 ________________

[ ] 비빔밥 ________________

[ ] 냉면 ________________

[ ] 육개장 ________________

[ ] 된장 찌개 ________________

[ ] 순두부 찌개 ________________

[ ] 갈비 ________________

[ ] 불고기 ________________

C. Listen to the recording and answer the questions in English.

1. Where is 서울 식당 located?

____.

2. Why is 서울 식당 always crowded?

____.

3. How long did Minji and Steve wait at the restaurant?

____.

4. Why didn't Steve put 고추장 ('red-pepper paste') in his 비빔밥?

____.

5. How much was it altogether at the Korean restaurant?

____.

6. Why did Minji and Steve go to the café at school?

____.

D. Translate the following sentences into Korean. Use the expressions provided.

1. Have you ever been to Korea? (~어/아 보다)

____.

2. I stayed home yesterday because it was cold. (~기 때문에)

____.

3. Isn't this tea too sweet? (~지 않다)

____.

4. I am not going to wash my face because I am too tired. (~지 않다) (~기 때문에)

____.

5. I like hiking with my friends. (~기)

____.

6. May I help you? (~어/아 드리다)

____.

E. Find a classmate who has done each of the following.

1. 단('달다') 음식을 좋아하는 사람:
2. 말('horse')을 타 본 사람:
3. 청소하기 좋아하는 사람:
4. 매운 음식을 잘 먹는 사람:
5. 밥 먹으면서 물을 자주 마시는 사람:
6. 오늘 아침을 먹지 않은 사람:

F. Listen to the restaurant expressions and match them with the appropriate English equivalents.

1. _________ Are there tables available?
2. _________ Come this way.
3. _________ Could you bring me some water?
4. _________ Excuse me.
5. _________ Here is your order.

6. ________ How many people are in your party?

7. ________ Welcome.

8. ________ What would you like to order?

. Using the words and expressions provided below, write four sentences for each ituation. Each sentence has to have at least ONE word or expression from the box elow.

~어/아 주다	~어/아 드리다	~어/아 보다		
~기	~기 때문에	~지 않다		
갖고 가다	시키다	구경하다	자르다	싫어하다
들어 가다	돌려 주다	놓아 주다	물어보다	
뜨겁다	차다	맵다	짜다	달다
근처	자리	음료수	종업원	휴일

t the restaurant

1. 저는 한국 식당에 가서 보통 비빔밥을 시켜요.

2. ______________________________.

3. ______________________________.

4. ______________________________.

5. ______________________________.

t the theater

1. 저는 극장에 가서 보통 팝콘('pop corn')을 사서 먹어요.

2. ______________________________.

3. ______________________________.

4. ______________________________.

5. ______________________________.

H. Read the following passages and mark the following statements (T)rue or (F)alse.

퀴즈 1

한국 사람들은 이 음식을 아주 좋아합니다. 이 음식에는 흰 떡, 고기, 파, 계란, 그리고 김이 들어갑니다. 국물이 아주 뜨겁습니다. 어떤 사람들은 만두를 넣어서 먹기도 합니다. 국물을 맛있게 만들어야 합니다. 흰 떡을 국물에 넣고 너무 오래 끓이('to boil')지 않습니다. 한국 사람들은 설날('Lunar New Year')에는 보통 이 음식을 먹습니다. 이 음식은 무엇일까요?

(떡 'rice cake'; 고기 'meat'; 파 'scallion, green onion'; 계란 'egg'; 김 'seaweed'; 국물 'broth'; 만두 'dumplings')

1. This Korean dish is usually eaten cold. [ ]
2. The main ingredient of this dish is rice cake. [ ]
3. Korean people eat this food on New Year's Eve. [ ]
4. The key to making this dish is delicious soup. [ ]
5. Some people like to add dumplings to this dish. [ ]

퀴즈 2

한국 사람들은 이 음식을 적어도 일년에 한 번은 먹습니다. 어머니가 생일 날에 이 음식을 해 주십니다. 아주 맛있는 음식입니다. 보통 밥하고 반찬하고 같이 먹습니다. 고기, 미역, 마늘, 그리고 참기름이 들어갑니다. 이 음식은 아이들의 몸에 좋은 음식입니다. 아이를 낳은 어머니들도 이 음식을 먹습니다. 그렇지만 이 음식은 시험을 보는 날에는 먹지 않습니다. 이 음식은 무엇일까요? 언제 먹을까요?

(미역 'brown seaweed'; 마늘 'garlic'; 몸 'body'; 아이 'child'; 참기름 'sesame oil'; 낳다 'to give birth to a baby')

1. This Korean dish is usually eaten with rice and side dishes. [ ]
2. Korean people eat this dish on the day of examinations. [ ]
3. The main ingredient of this dish is seaweed. [ ]

4. The women who gave birth to a baby eat this dish. [ ]

5. Korean people eat this dish only once in a year. [ ]

Based on the passages in H, complete the table below.

Name	Korean words	Colors
green onion		
seaweed		
brown seaweed		
dumpling		
rice cake		
sesame oil		
egg		
garlic		

Write four questions about food and restaurants.

1. 보통 어느 식당에 자주 가세요?

2. ______________________________?

3. ______________________________?

4. ______________________________?

5. ______________________________?

Ask your classmates the questions you wrote above and write down their answers.

	이름:	이름:	이름:
질문 1			
질문 2			
질문 3			
질문 4			
질문 5			

K. Write about your favorite food (e.g., name, ingredients, why you like it, etc.). Share what you wrote with another classmate.

.. Find out about a Korean food you didn't know before. Write a short report on the ood based on the research you did. Present what you found out to the class.

17과 취미 [Hobbies]

CONVERSATION 1	취미가 뭐예요?

A. Fill in the blanks with the most appropriate expressions from the box below. Use each expression only once, and change the form if necessary.

기분	답	더럽다	취미	편리하다

1. 요즘 바빠서 청소를 한 달이나 못 했어요.

   그래서 지금 방이 너무 _____________.

2. 선생님, 15 번 문제는 너무 어려워요. _____________이 뭐예요?

3. 서울의 지하철은 깨끗하고 아주 _____________.

4. 제 룸메이트 _____________는 피아노 치는 거예요.

5. 한국어 시험을 잘 봐서 _____________이 아주 좋아요.

B. Choose the word that best describes each picture and write it below the corresponding picture.

그리다	연주하다	춤 추다	틀다

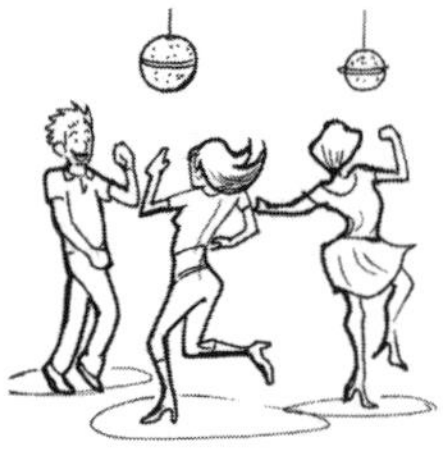

1. _____________ 2. _____________ 3. _____________ 4. _____________

C. Match the nouns in the left column with the corresponding verbs in the right column.

피아노	•	•	치다
기타	•	•	꾸다
잠	•	•	치다
그림	•	•	듣다
꿈	•	•	그리다
음악	•	•	자다

D. Listen to the conversation between Woojin and Soobin and fill in the blanks.

1. 수빈은 ________________ 것이 취미입니다.

2. 우진은 ________________ 하는 것을 좋아합니다.

   특히 ________________ 를 좋아합니다.

3. 수빈은 매주 ________________ 에 친구들하고 ________________ 이나

   ________________ 에 갑니다.

4. 수빈과 우진은 이번 일요일 ________________ 에 테니스를

   ________________ 갈 겁니다.

E. Describe the events in the reverse order of time using ~기 전에 as in 1.

1. 7:30 am  8:10 am 

   <u>학교에 **가기 전에** 아침을 먹어요</u>.

2. 12:30 pm  2:40 pm 

____.

3. 3:30 pm  5:30 pm 

____.

4. 8:45 pm  10:15 pm 

____.

5. 11:30 pm  12:10 am 

____.

F. Combine the sentences using ~기 전에 as shown in 1.

1. 저녁 먹었어요. 그리고 나서 영화 봤어요.

   → <u>영화 보기 전에 저녁 먹었어요.</u>

2. 음악 들어요. 그리고 나서 자요.

   → ____.

3. 조깅('jogging')했어요. 그리고 나서 신문을 읽었어요.

→ ______________________________.

4. 청소할 거예요. 그리고 나서 장을 보러 갈 거예요.

→ ______________________________.

5. 숙제하세요. 그리고 나서 친구하고 노세요.

→ ______________________________.

6. 손을 씻으세요. 그리고 나서 식사하세요.

→ ______________________________.

G. Complete the table below.

~는 것	~기
자는 것	
	읽기
걷는 것	걷기
	세수하기
	만들기
배우는 것	
	손 씻기
	이 닦기
	노래 부르기
	피아노 치기

H. Change the underlined phrases to one of the contracted forms of ~는 것 provided in the box below as in 1. Then translate the sentences into English.

~는 게	~는 걸	~는 건

1. 한국어 공부하는 것이 재미있어요. → 공부하는 게

(English:)

2. 불고기를 만드는 것은 별로 어렵지 않아요. → ________________

(English:)

3. 춤 추는 것을 좋아하세요? → ________________

(English:)

4. 저는 청소하는 것이 가장 싫어요. → ________________

(English:)

5. 우리 어머니께서는 영화 보는 것을 좋아하세요. → ________________

(English:)

I. Change the underlined phrases in the following sentences using various forms of ~는 것 as in 1.

1. 마크는 운동하기를 좋아해요. → 운동하는 걸
2. 민지는 그림 그리기가 취미예요. → ________________
3. 이 동네는 버스 갈아 타기가 참 편리해요. → ________________
4. 한국어 쓰기가 제일 어려워요. → ________________
5. 제 룸메이트는 운전하기를 싫어해요. → ________________

. Complete the table below.

Dictionary form	~(으)면	~어서/아서
먹다	먹으면	
오다		
쓰다		
닫다		
걷다		
놀다		
덥다		
전화하다		
모르다		
갖다 주다		
걸어 다니다		
갈아 입다		

K. Combine the two sentences using ~(으)면 as in 1.

1. 방이 더워요. 창문을 여세요.

   → 방이 더우면 창문을 여세요.

2. 비가 와요. 골프 칠 수 없어요.

   → ______________________________.

3. 목이 말라요. 물을 마셔야 돼요.

   → ______________________________.

4. 피곤해요. 일찍 주무세요.

→ ____.

5. 대학원에 가고 싶어요. 공부를 더 열심히 해야 돼요.

→ ____.

L. Finish the following sentences using the conditional~(으)면.

1. 배가 ______________ 빵('bread')을 먹어요.
2. 매일 아침 운동을 ______________ 건강에 좋아요.
3. 날씨가 ______________ 장갑을 껴야 돼요.
4. 한국어를 잘 하고 ______________ 한국에 가세요.
5. 감기에 ______________ 물을 많이 마시고 잠을 많이 자야 돼요.
6. 학교가 너무 ______________ 걸어 다니기 아주 불편할 거예요.

M. Listen to the questions and give your own answers to them.

1. ____.
2. ____.
3. ____.
4. ____.
5. ____.
6. ____.

N. Compare the two items using the ~보다 . . . 더 or ~보다 . . . 덜 as shown in 1.

1. [한국 사람, 미국 사람]
   한국 사람이 미국 사람보다 매운 음식 더 많이 먹어요.
2. [버스, 지하철]
   ____.
3. [정치학, 경제학]
   ____.
4. [서울, 뉴욕]
   ____.
5. [청소하기, 설거지하기]
   ____.
6. [아파트에 사는 것, 기숙사에 사는 것]
   ____.

O. Listen to the questions and circle the right words.

1. 스티브 마크
2. 볼링 골프
3. 나 내 룸메이트
4. 된장찌개 육개장
5. 한국어 일본어 중국어
6. 듣기 말하기 읽기 쓰기

CONVERSATION 2	운동 좋아하세요?

A. Fill in the blanks with the most appropriate expressions from the box below. Use each expression only once, and change the form if necessary.

대답	심심하다	요리	음악회	조심하다	중학교

1. 내년에 제 동생은 초등학교를 졸업하고 ___________에 가요.
2. 우리 엄마는 ___________를 아주 잘 하세요.
3. 눈이 오면 특히 운전을 ___________.
4. 지난 봄 방학에는 친구들이 모두 집에 가서 아주 ___________.
5. 마크는 음악을 좋아해서 매주 토요일에 ___________에 가요.
6. 선생님이 물어보신 질문이 너무 어려워서 ___________을 못 했어요.

B. Match the nouns in the left column with the appropriate verbs in the right column.

바이올린 •	• 가다
스키 •	• 하다
축구 •	• 치다
음악 •	• 타다
음악회 •	• 켜다
기타 •	• 틀다

C. Complete the table below.

Dictionary form	~(으)ㄹ 줄 알다/ 모르다
축구하다	축구할 줄 알아요/몰라요
(피아노) 치다	
(바이올린) 켜다	
노래 부르다	
(자전거) 타다	
(춤) 추다	
(한글) 읽다	
(그림) 그리다	
(한국 음식) 만들다	

D. Follow the instructions below.

1. Describe the activities in the following pictures using ~는 것 and ~기.
2. Ask your classmates whether they like to do these activities using ~는 것 좋아해요?
3. Ask your classmates whether it is easy or difficult to do the activities using ~기가 쉬워요, 어려워요?

수영하는 것 수영하기			

E. Answer the following questions using ~기 시작하다.

1. 언제부터 피아노 쳤어요?

   ______________________________.

2. 몇 살 때부터 이메일을 했어요?

   ______________________________.

3. 언제부터 한국어를 배웠어요?

   ______________________________.

4. 몇 살 때부터 말을 했어요?

   ______________________________.

5. 언제부터 운전을 했어요?

   ______________________________.

F. Choose the nouns that go along with either 에 or 때 from the top row in the box below and write them down in the corresponding box.

다음, 대학생, 밤, 시험, 여름, 오전, 이번, 일학년, 작년, 아침, 주말, 12 월, 토요일	
에	**때**

G. Complete the following questions as in 1.

1. 운전할 때 <u>라디오를 들어요</u>.
2. 심심할 때 ______________________________.
3. 요리할 때 ______________________________.
4. 파티에 갈 때 ______________________________.
5. 가족이 보고 싶을 때 ______________________________.
6. 어렸을 때 ______________________________.

H. Look at the pictures below and create sentences using ~(으)ㄹ 때 as in 1.

1. 
자전거 탈 때 헬멧을 써요.

2.  ______________________________.

3.  ______________________________.

4.  ______________________________.

5.  ______________________________.

6.  ______________________________.

I. Fill in the blanks as you listen to the conversation between Minji and Mark.

민지: 마크 씨, 음악 좋아하세요?

마크: 저는 음악은 다 좋아하지만 __________ 피아노 음악을 좋아해요.

피아노 __________ 취미예요.

민지: 피아노는 언제부터 ____________________?

마크: __________ 때부터요. 민지 씨도 음악 좋아하세요?

민지: 저도 피아노 음악을 좋아하는데 피아노를 ______________________.

배워 보고 싶은데 . . .

마크: 아, 그럼 이번 주말에 학교에서 피아노 음악회가 있는데 같이

______________________?

민지: 그럴까요?

마크: 토요일 ______________ 예요.

민지: 저는 토요일은 안 되는데요.

마크: 일요일 ______________ 음악회가 있어요.

민지: 일요일에는 갈 수 있어요.

마크: 그럼 일요일 _______________ 학교 도서관 앞에서 만나요.

J. Based on the conversation in I, listen to the following questions and answer them in Korean.

1. ____.

2. ____.

3. ____.

4. ____.

5. ____.

WRAP-UP ACTIVITIES

A. Write the Korean loanwords corresponding to the English words as shown below.

English words	Korean loanwords
ski	스키
service	
violin	
jazz	
headphone	
classic	
piano	
guitar	

B. Fill in the blanks with the most appropriate adverbs from the box below. Use each adverb only once.

가장	덜	새로	중에서	특히

1. 저는 음악은 다 좋아하지만 __________ 클래식 음악을 제일 좋아해요.
2. 제 룸메이트는 음악 __________ 클래식 음악을 제일 좋아해요.
3. 저는 텔레비전 보는 걸 아주 좋아하지만 요즘은 시간이 없어서 텔레비전을 __________ 봐요.
4. 지난 주에 __________ 컴퓨터를 샀어요.
5. 한국어는 내가 __________ 좋아하는 수업이에요.

C. Complete the following dialogues based on the cues given.

1. A: 축구 __________ (how to play) 아세요?

   B: 네, 그런데 오늘은 몸이 아파서 __________ (~(으)ㄹ 수 있다/없다).

2. A: 돈이 __________ (if you have a lot of money) 뭐 하고 싶어요?

   B: 여행을 가고 싶어요.

3. A: __________ (when you were young) 꿈이 뭐였어요?

   B: 가수가 __________ (되다) 거였어요.

4. A: 피아노 __________ (how to play) 아세요?

   B: 네, 그런데 연습을 많이 못 해서 잘 __________ (~(으)ㄹ 수 있다/없다).

5. A: 언제부터 피아노를 배웠어요?

   B: 네 살 때부터 __________ (~기) 시작했어요.

D. Translate the following sentences into Korean. Use the expression where provided.

1. Jenny is going to learn Korean before going to Korea. (~기 전에)

   ____.

2. My younger brother is taller than my father.

   ____.

3. If you want to speak Korean well, make Korean friends.

   ____.

4. I don't know how to play golf, but I would like to learn.

____.

5. If it starts raining, we cannot play soccer outside.

____.

6. Have you liked playing (lit. performing) musical instruments since you were young?

____?

7. My grandmother likes to go to classical music concerts. (~는 것)

____.

E. Listen to the following narrative and answer the questions in English.
*가위 바위 보 'rock-paper-scissors'; 이기다 'to win'

1. What kind of music does Minji like?

____.

2. What kind of music does Jenny like?

____.

3. What else does Jenny like to do?

____.

4. What are Minji and Jenny going do this Saturday?

____.

5. What are Minji and Jenny planning to do next weekend?

____.

F. Ask your partner whether they like or dislike doing the following activities and why.

공부	운동	여행
숙제	청소	설거지
빨래	음악	노래
춤	텔레비전	전화
그림	기타	피아노

Example: <u>잠 자는 걸</u> 좋아해요?

G. Read the following passage and answer the questions in English.

한국 사람들이 가장 좋아하는 취미 중 하나가 등산입니다. 한국에는 *산이 많아서 많은 사람들이 주말에 등산을 갑니다. 가족들이나 친구들하고 같이 등산을 합니다. 산에 *올라가서 준비해 온 음식을 먹습니다. 산에 올라가면 기분도 좋고 운동도 되어서 몸에도 아주 좋습니다.

그래서 수빈이는 이번 주말에 룸메이트 제니하고 처음으로 도봉산에 등산을 갈 겁니다. 제니는 대학교 일학년 때부터 등산을 하기 시작했습니다. 수빈이는 운동하는 것을 별로 좋아하지 않지만 등산을 시작할 겁니다. 더 일찍 시작하고 싶었지만 그동안 제니가 감기에 걸려서 등산을 할 수가 없었습니다. 이번 주말에 도봉산에 갈 때 수빈이와 제니는 점심을 가지고 갈 겁니다. 산 위에는 식당이 없기 때문에 김밥을 가지고 가서 먹으면 아주 맛있을 겁니다.

*산 'mountain'; 올라가다 'to go up'

1. According to the passage, why do many Korean people hike?

____.

2. Whom do Korean people usually go hiking with?

____.

3. What do Korean people usually do when they go hiking?

____.

4. What are Soobin and Jenny going to do this weekend?

____.

5. When did Jenny start to hike?

____.

6. Where are they going to have lunch?

____.

H. Listen to the questions and write your own responses in Korean.

1. ____.

2. ____.

3. ____.

4. ____.

5. ____.

6. ____.

7. ____.

I. In Korean, ask your classmate the following questions using the cues provided. Share the answers with the class.

1. Which city do you like better, Seoul or New York? Why? (~보다 더)

____.

2. What are your hobbies? (~는 것)

____.

3. When did you start (hobby/activity)? (~기 시작하다)

____.

5. What do you usually do before you go to bed? (~기 전에)

____.

J. Write at least 15 sentences about your hobbies and favorite pastime activities (e.g., what they are, why you like them, how often you do those activities, and so on). Make sure to incorporate as many expressions given below as possible.

~는 것	~보다 (더)	~고 나서
~(으)면서	~(으)면	~(으)ㄹ 때
~기 전에	~기 시작하다	~기 때문에
~어/아 보다	~(으)ㄹ 수 있다/없다	~(으)ㄹ 줄 알다/모르다

1. ____.

2. ____.

3. ____.

4. ____.

5. ____.

6. ____.

7. ____.

8. ____.

9. ____.

10. ____.

11. ____.

12. ____.

13. ____.

14. ____.

15. ____.

Review I 9과~12과

A. Choose a Korean word from the list and write it below the corresponding category in the table.

Family	Food	Profession	Body	Clothing	Place	Time

가수	머리	시드니	청바지
갈비	모자	아들	캐나다
교수님	바지	어젯밤	한복
날	밤	얼굴	할머니
눈	밴쿠버	올해	할아버지
동부	불고기	작년	형제
딸	선수	장갑	호주

B. Circle the right word in [ ].

1. 3시인데 [아직, 벌써] 점심을 안 먹었어요.
2. 어제 만난 초등학교 친구들을 [모두, 무척] 못 알아봤어요.
3. 어제도 눈이 많이 왔는데 오늘도 [다, 또] 눈이 와요.
4. 집에서 학교까지 [굉장히, 직접] 오는 버스가 있어요?

5. 어젯밤에는 너무 피곤해서 [일찍, 동안] 잤어요.

6. A: 8시에 집에서 나왔는데 차가 많이 막혀요.

B: [다음부터는, 다음까지는] 9시에 나오세요.

C. Choose the word from the box below that best matches the descriptions provided.

교수님
돌
모자
바닷가
밤
부엌
생일
안경
택시
편지

1. 택시 노란색 차
2. ______________ 대학교에서 가르치는 사람
3. ______________ 음식을 만드는 방
4. ______________ 머리에 쓰는 것
5. ______________ 첫 번째 생일
6. ______________ 오후 8시부터 12시까지
7. ______________ 물이 아주 많은 데
8. ______________ 우체국에 가서 보내는 것
9. ______________ 사람이 태어난 날
10. ______________ 눈이 안 좋은 사람이 쓰는 것

D. Fill in the blanks with the most appropriate expressions from the box below. Use each expression only once.

께	께서	밖에	와/과	(이)나	한테	한테서

1. 친구를 3시간__________ 기다렸어요.

2. 동생__________ 자주 전화하세요?

3. 셔츠__________ 바지를 사러 옷가게에 갔어요.

4. 할머니 생신 잔치에서 아버지__________ 할머니__________ 꽃을 드렸어요.

5. 오늘 한국에 있는 친구__________ 편지를 받았어요.

6. 김 선생님은 아들 하나__________ 없어요. 딸은 없어요.

E. Connect each of the phrases in the left column with the most appropriate predicate in the right column.

미나는 한국에서 태어나서	•	•	썼어요.
LA에서 대학교에	•	•	많이 닮았어요.
작년에 기숙사에서 아파트로	•	•	입었어요.
미나는 오늘 공원에 사진을	•	•	다녀요.
미나는 파란 모자를	•	•	끼었어요.
하얀 셔츠를	•	•	찍으러 갈 거예요.
그리고 까만 장갑을	•	•	이사했어요.
미나는 언니하고 얼굴이	•	•	미국에서 자랐어요.

F. Construct full sentences using the given components.

1. [갈비, 만들다, 부엌, 불고기, 직접]

____

2. [건물, 교수님, 나오다, 어젯밤, 입구]

____

3. [밴쿠버, 캐나다, 자라다, 형제]

____

4. [교통, 밤, 복잡하다, 택시, 호주]

____

5. [다르다, 닮다, 딸, 아들, 아버지]

____

G. Complete the sentences below with corresponding results as in 1. Change the form of the verbs in the parentheses using ~어서/아서.

1. 아침에 (일어나다) <u>일어나서 집을 나갔어요</u>.
2. 집에서 (나가다)________________________________.
3. 은행에서 돈을 (찾다)________________________________.
4. 친구 집에 (가다)________________________________.

5. 카드를 (만들다)________________________________.

6. 할머니께 카드를 (보내다)________________________________.

I. Combine the two predicates using either the clausal connective ~고 or ~어서/아서 sequence). Then translate the sentences using the combined predicates as in 1 and 2.

1. 끝나다 가다 I'll finish my work and go to school.
   [끝나고 가다] 일 끝나고 집에 갈 거예요.

2. 태어나다 자라다 I was born and raised in Korea.
   [태어나서 자라다] 저는 한국에서 태어나서 자랐어요.

3. 가다 쉬다 Go home and rest.
   [ ] ________________________________

4. 결혼하다 살다 Mina got married and lives in New York.
   [ ] ________________________________

5. 입다 기다리다 Get dressed and wait.
   [ ] ________________________________

6. 나오다 놀다 Come out and play.
   [ ] ________________________________

7. 춤 추다 노래하다 People danced and sang at the party.
   [ ] ________________________________

8. 들어오다 앉다 Come in and have a seat.
   [ ] ________________________________

I. Fill in the blanks with the most appropriate words from the box below. Use each word only once, and change the form if necessary using the clausal connective ~(으)ㄴ데/는데 as in 1.

까맣다 길다 만들다 ~~이사하다~~ 주무시다 편하다 피곤하다

1. 내일 <u>이사하는데</u> 차가 없어요.
2. 일을 많이 해서 ________________ 잠을 못 자겠어요.
3. 불고기를 ________________ 레시피('recipe')가 없어요.
4. 지금은 할아버지께서 ________________ 내일 아침에 전화하시겠어요?
5. 지하철은 ________________ 아침에는 너무 복잡해요.
6. 셔츠는 ________________ 바지는 너무 짧아요.
7. 민지는 머리는 ________________ 얼굴은 하얘요.

J. Complete the table below with the appropriate forms of conjugation.

	~어서/아서	~(으)ㄴ데/는데	~(으)ㄹ까요?
길다			
놀다			
늦다			
쉬다			
짧다			
끼다			
파랗다			

K. Based on the picture below, match the name of each person with the description from the box. Change the description using the noun-modifying suffix ~는 or ~(으)ㄴ as in 1.

1. 제니: 전화하는 사람
2. 할머니: ________________
3. 지니: ________________
4. 대니: ________________
5. 민우: ________________
6. 스티브: ________________
7. 마이클: ________________
8. 우진: ________________
9. 유미: ________________
10. 민지: ________________

모자를 쓰다	음식을 만들다	춤을 추다
사진을 찍다	책을 찾다	편지를 쓰다
안경을 끼다	청바지를 입다	한복을 입다

L. Fill in the blanks with the conjugated forms of the verbs/adjectives in parentheses. Use the subject honorific suffix ~(으)시 when necessary.

1. 부모님도 (건강하다/~고) ______________ 저도 (건강하다/~어/아요) ______________.

2. 어머니는 작년에 카메라('camera')를 선물 (받다/~는데) ______________ 사진을 자주 안 (찍다/~ㅂ/습니다) ______________.

3. 할머니께서 (피곤하다/~어서/아서) ______________ 일찍 주무세요.

4. 저는 운동을 자주 못 (하다/~는데)______________ 할아버지께서는 연세가 (많다/~ㄴ데) ______________ 매일 운동하세요.

5. 머리가 (짧다/(으)ㄴ) ______________ 분은 마크 아버지세요.

M. Answer the following questions using the cause-effect clausal connective ~어서/아서

1. 커피를 자주 드세요? 왜요?

   머리가 아파서 커피를 자주 마셔요.

2. 여름을 좋아하세요? 겨울을 좋아하세요? 왜요?

   ____

3. 인터넷을 자주 쓰세요? 왜요?

   ____

4. 옷을 사러 어느 백화점에 자주 가세요? 왜요?

   ____

5. 어떤 식당에 자주 가세요? 왜요?

____

6. 어떤 가수를 좋아하세요? 왜요?

____

N. Follow the instructions below based on the situations provided.

1. Someone invited you to a fraternity/sorority party, but you don't want to go because you know their parties are usually boring. Decline the invitation in a polite way using ~어서/아서 and ~(으)ㄴ/는데요.

____

2. Create a question and answer between two classmates on where to go or what to eat for lunch. Use ~(으)ㄹ까요? and ~(으)ㄹ래요.

A: ____

B: ____

3. Create a short dialogue between two classmates. A talks about his/her latest hobby, and B makes a comment on it. Use ~고 있다 and ~네요.

A: ____

B: ____

O. Crossword Puzzle 1.

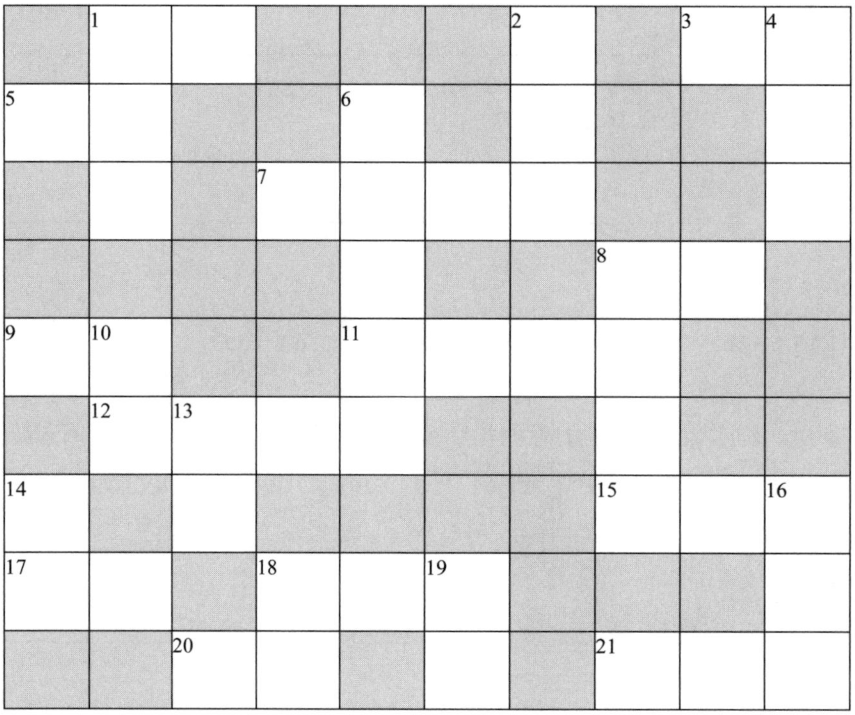

Across

1. traffic
3. Korean alphabet
5. singer
7. grandfather
8. train
9. number
11. to begin (dictionary form)
12. to sleep (hon.) (dictionary form)
15. to be different (dictionary form)
17. kitchen
18. beach
20. letter
21. to be red (dictionary form)

Down

1. professor
2. blue jeans
4. well, it's hard to say
6. to die (hon.) (dictionary form)
8. to wait (dictionary form)
10. Australia
13. very much
14. East Coast
16. to attend (dictionary form)
18. pants
19. family

. Crossword Puzzle 2.

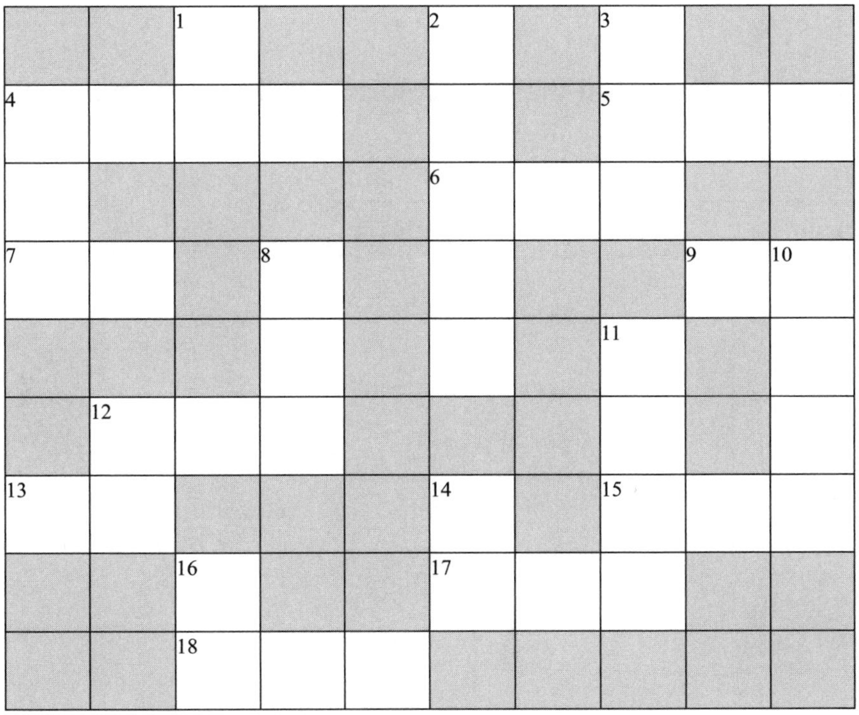

Across

4. to move (polite ending ~어요/아요)
5. to give (hon.) (dictionary form)
6. grandmother
7. early
9. son
12. to come out (dictionary form)
13. ____ 들다 to be hard
15. to send (dictionary form)
17. to grow up (dictionary form)
18. to be crowded (noun-modifying ~(으)ㄴ)

Down

1. this year
2. to congratulate (suffix ~(으)ㄹ까요)
3. Sydney
4. e-mail
8. Canada
10. to come in (dictionary form)
11. to find out (dictionary form)
12. age
14. cap, hat
16. traditional Korean dress

Review II 13과~17과

A. Choose a Korean word from the list in the right columns and write it below the corresponding category in the table.

Food	People	Place	Activity

게임	공항
기사	냉면
도시	라면
반찬	볼링
비빔밥	사모님
손님	순두부찌개
아저씨	육개장
음식점	정류장
점원	축구
종업원	화장실
태권도	휴게실

B. Choose and write the words that belong to each of the following columns that have the relevant adjective.

달다	뜨겁다	맵다	짜다	차다

김치 냉면 된장찌개 라면 순두부찌개 주스 커피 케이크

C. Fill in the boxes with the verbs from the list below that best describe each of the following pictures.

건너다	그리다	노래하다	이를 닦다	세수하다	식사하다	열다	운전하다	졸다	주문하다

1. ____________ 2. ____________ 3. ____________ 4. ____________ 5. ____________

6. ____________ 7. ____________ 8. ____________ 9. ____________ 10.____________

D. Fill in the blanks with the adverbs that are synonyms for each word.

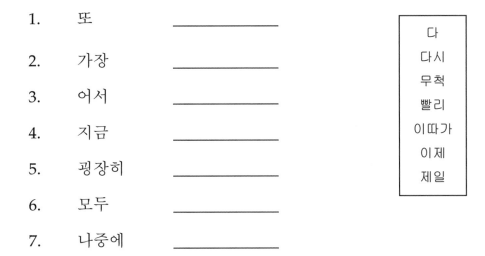

1. 또 ____________
2. 가장 ____________
3. 어서 ____________
4. 지금 ____________
5. 굉장히 ____________
6. 모두 ____________
7. 나중에 ____________

다
다시
무척
빨리
이따가
이제
제일

E. Complete the sentences by connecting the clauses on the left to those on the right.

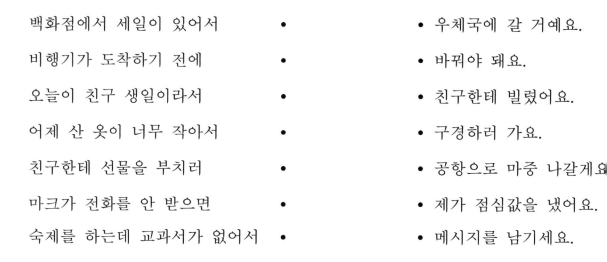

백화점에서 세일이 있어서 •	• 우체국에 갈 거예요.
비행기가 도착하기 전에 •	• 바꿔야 돼요.
오늘이 친구 생일이라서 •	• 친구한테 빌렸어요.
어제 산 옷이 너무 작아서 •	• 구경하러 가요.
친구한테 선물을 부치러 •	• 공항으로 마중 나갈게요
마크가 전화를 안 받으면 •	• 제가 점심값을 냈어요.
숙제를 하는데 교과서가 없어서 •	• 메시지를 남기세요.

F. Fill in the blanks with the appropriate words from the box below.

그만	다시	별로	빨리	잠깐만	적어도	제일	특히

1. 음악회에 갔는데 연주가 ___________ 안 좋았어요.
2. 지금은 마크가 없는데 이따가 ___________ 전화하세요.
3. 늦었는데 택시 타고 ___________ 가세요.
4. 마크가 화장실에 있는데 ___________ 기다리세요.
5. 집에서 학교까지 택시비가 ___________ $30은 나올 거예요.
6. 한국 음식 중에서 갈비하고 냉면이 ___________ 맛있어요.
7. 요즘은 거리가 복잡한데 ___________ 오늘은 더 복잡해요.
8. 저는 배가 불러서 ___________ 먹을래요.

G. Fill in the blanks with the letters that correspond to the most appropriate images.

a. 

b. 

c. 

d. 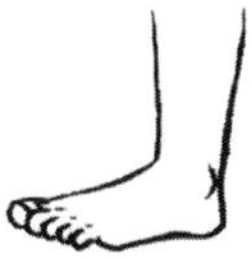

e. 

f. 

g. 

h. 

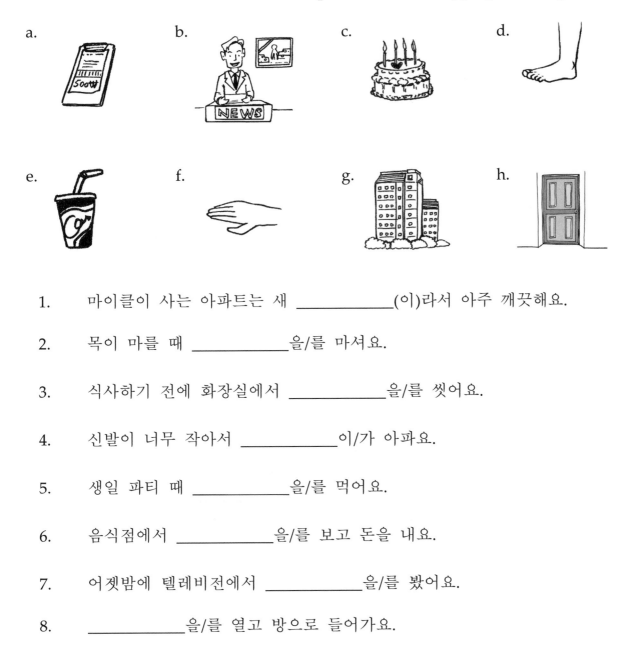

1. 마이클이 사는 아파트는 새 ___________(이)라서 아주 깨끗해요.
2. 목이 마를 때 ___________을/를 마셔요.
3. 식사하기 전에 화장실에서 ___________을/를 씻어요.
4. 신발이 너무 작아서 ___________이/가 아파요.
5. 생일 파티 때 ___________을/를 먹어요.
6. 음식점에서 ___________을/를 보고 돈을 내요.
7. 어젯밤에 텔레비전에서 ___________을/를 봤어요.
8. ___________을/를 열고 방으로 들어가요.

H. Match the verbs and adjectives from the box to each of the nouns below.

1. 그림을 ___________________
2. 감기에 ___________________

3. 노래를 ________________

4. 돈을 ________________

5. 돈이 ________________

6. 마중 ________________

7. 목이 ________________

8. 배가 ________________

9. 비가 ________________

10. 손을 ________________

11. 스키 ________________

12. 이를 ________________

걸리다
고프다
그리다
나가다
내다
닦다
들다
마르다
부르다
씻다
오다
타다

I. Fill in the blanks with the appropriate words from the box. Use each word only once, and change the form if necessary.

더럽다	시끄럽다	시원하다	싫어하다	심심하다	어리다

1. 여름이지만 어제 비가 많이 와서 날씨가 ________________.

2. 휴일인데 할 일이 없어서 ________________.

3. 사모님은 김 교수님보다 나이가 12살이나 ________________.

4. 요즘 청소를 못 해서 방이 ________________.

5. 저는 음악을 별로 안 좋아해요. 특히 클래식 음악을 ______________.

6. 룸메이트가 음악을 크게 틀어서 너무 ______________.

. Find and circle all the nouns that could be used with the verb 하다 'to do', as in 숙제하다 and 공부하다.

거리	계단	계획	과자	구경	기분	노래	대답
도시	등산	모레	목욕	물가	빨래	샤워	세일
손님	쇼핑	식사	양말	연락	연주	요리	운전
잠	잡지	점원	졸업	주문	축구	출구	휴일

K. Fill in the blanks with the appropriate words from the box.

계산서	기분	답	모레	목소리	자리	전	출구	취미	후	휴일

1. ______________가 좋아서 노래를 잘 해요.

2. 오늘 다음 날은 내일이고, 내일 다음 날은______________예요.

3. 사람들이 좋아하는 일은______________예요.

4. 건물에서 밖으로 나가는 문은______________예요.

5. 사람은 10명인데 의자가 8개밖에 없어요. ______________가 없어요.

6. 식사가 끝나면 종업원이 ______________을/를 갖다 줘요.

7. 시험________________에는 공부하고 시험 본 ________________에는 영화 보러 갈 거예요.

8. 시험을 보는데 ________________을 두 개 못 썼어요.

9. 내일은 ________________이라서 수업이 없고 일도 안 해요

10. 어젯밤에 잠을 많이 자서 ________________이 좋아요.

L. Combine the verbs to change them into compound verbs; then write down the meaning for each, as in 1.

Verb 1~어/아 Verb 2		**Verb 1~고 Verb 2**
1. 갈다 + 입다 → 갈아입다 to change (clothes)	2. 돌리다 + 주다	3. 갖다 + 가다/오다
4. 빌리다 + 주다	5. 돌다 + 오다	6. 갖다 + 다니다
7. 걷다 + 가다/오다	8. 들다 + 가다	9. 타다 + 가다/오다
10. 놓다 + 주다	11. 묻다 + 보다	12. 타다 + 다니다

M. Circle the correct words/phrases in [ ].

1. 길을 건널 [때, 줄] 차 조심하세요.
2. 음악회에 청바지 입고 [가지, 가면] 마세요.
3. 그림을 고르는 일을 마크한테 부탁할 [줄, 수] 있어요?
4. 인터넷에서 신발을 [주문하고, 시키고] 싶어요.
5. 도와 주셔서 감사합니다. [수고, 실례] 많이 하셨어요.
6. 백화점에서 세일을 해서 [양말, 악기] 세 켤레를 샀어요.
7. 작년에 한국에 두 [번, 반] 가 봤어요.
8. 이번 [주말에, 주말 때] 친구하고 등산가요.

N. Choose the appropriate suffixes from the box below and fill in the blanks with the predicates in parentheses. Use each suffix only once.

~어/아 보다	~어/아야 되다	~(으)ㄹ 때	~(으)ㄹ 수 있다/없다
~(으)ㄹ게요	~(으)면	~기 때문에	~지 말다

1. 룸메이트가 시끄러운 음악을 ____________________(싫어하다) 저는

   음악을 ____________________(듣다) 항상 헤드폰을 껴요.

2. A: 냉면은 어때요? 맛있어요?

   B: 네. 아주 시원하고 맛있어요. 한번 ____________________(먹다).

3. 된장찌개가 너무 ____________________(뜨겁다) 냉면을 드세요.

4. 오늘 저녁 맛있게 잘 먹었습니다. 다음에는 제가 저녁값을 ____________________(내다).

5. 오늘 밤에 동부에서 언니가 와요. 공항에 8시까지 마중 ____________________(나가다).

6. 여기서 길을 ____________________(건너다). 차가 너무 많아요.

7. 저는 15살이라서 아직 ____________________(운전하다).

O. Circle the correct words in [ ].

1. 이건 육개장 [때문에, 이라서] 매워요.

2. 된장찌개를 너무 [짜게, 짜기] 만들었어요.

3. 음식점에서는 보통 식사를 [하면서, 하고 나서] 돈을 내요.

4. 오늘은 학교에 가방을 안 [갈아, 갖고] 갔어요.

5. 저는 헤드폰이 없어서 룸메이트한테 [빌렸어요, 빌려 주었어요].

6. 큰 도시에서는 물가가 비싸서 [돈이, 돈을] 많이 들어요.

7. 내일 친구한테 [물어보는, 물어볼] 게 있어요.

8. 음악을 듣고 싶어서 iPod을 [틀었어요, 연주했어요].

. Crossword Puzzle 1.

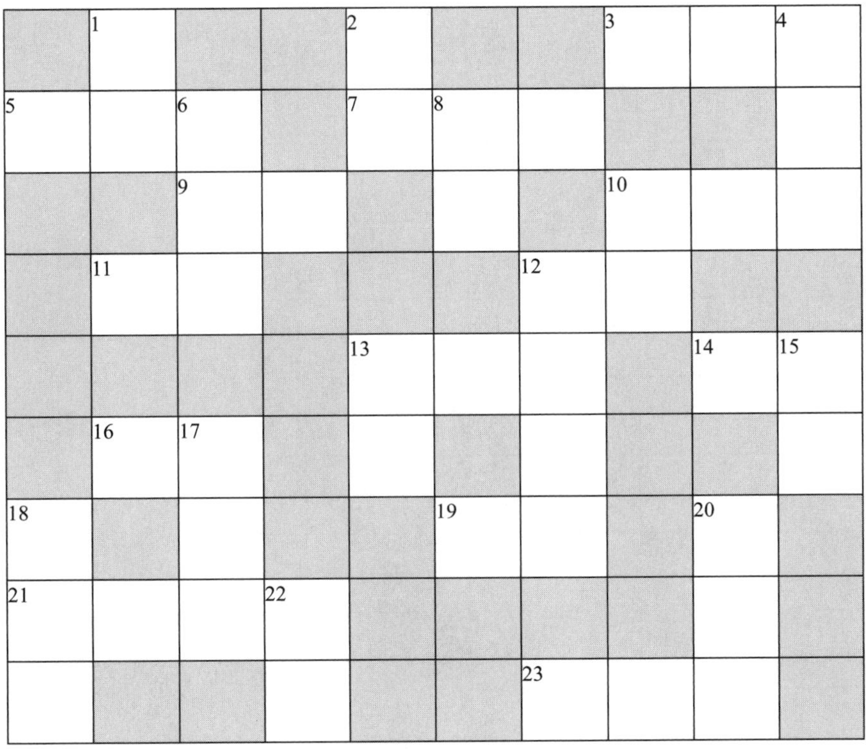

Across

3. sneakers
5. check
7. teacher's wife
9. ___밥 rice with vegetables and beef
10. lounge
11. news
12. sale
13. beverage
14. exit
16. city
19. cold buckwheat noodles
21. to be noisy (noun-modifying ~(으)ㄴ)
23. Korean martial art

Down

1. hiking
2. driver
4. bathroom, restroom
6. service
8. the day after tomorrow
10. holiday
12. to wash one's face (conditional ~(으)면)
13. ____회 concert
15. ____ sightseeing
17. to order (food) (purpose ~(으)러)
18. message
20. at least
22. driving

Q. Crossword Puzzle 2.

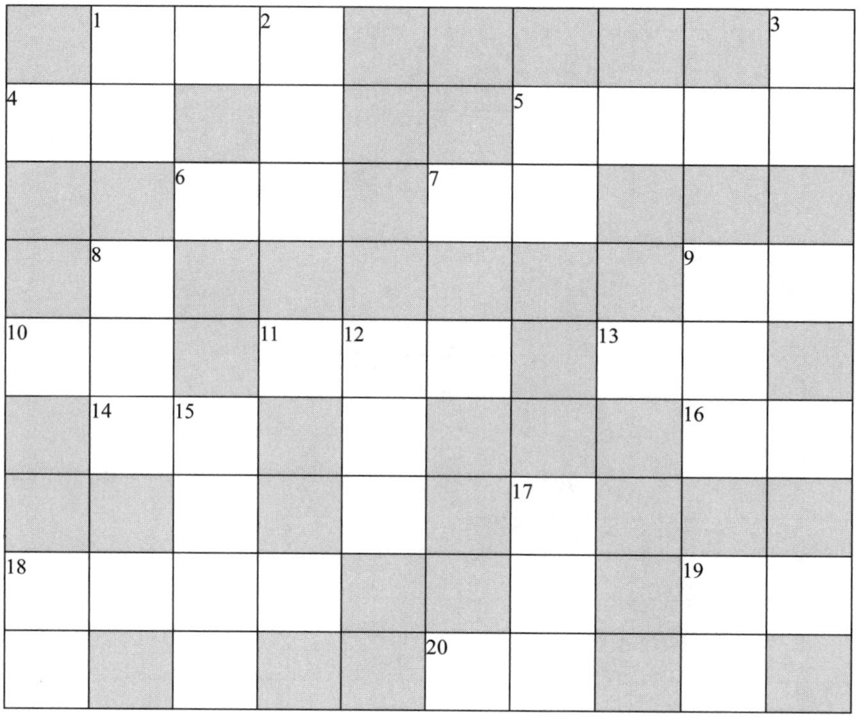

Across

1. piano
4. cracker
5. to do laundry (dictionary form)
6. soon
7. cooking
9. quickly
10. *kimchi*
11. later
13. distance
14. again
16. feeling
18. to plan (dictionary form)
19. contact
20. clerk, salesperson

Down

1. pizza
2. karaoke (bar)
3. to be sweet (dictionary form)
5. fast, quickly
8. to mail (a letter) (dictionary form)
9. to be young ____ 때문에 ('because')
12. middle school
15. to be cool (dictionary form)
17. employee
18. stairs
19. musical performance